Die gute Küche

ITALIENISCH KOCHEN

Die besten Originalrezepte

Buch und Zeit Verlagsgesellschaft mbH · Köln

Redaktion: Dagmar Fronius, Wina Neuser,
Annette Nolden-Thommen
Bildredaktion: Stefan Martin
Umschlaggestaltung und Layout: Inga Koch
Unter Verwendung von Bildmaterial von C. P. Fischer
Unter Verwendung von Bild- und Textmaterial von
Maggi Kochstudio
Printed in Germany
ISBN 3-8166-0317-3

INHALT

Die Rezeptmengen gelten jeweils für vier Personen, soweit nicht anders angegeben.

Die Nährwert- und Kalorienangaben sind jeweils für eine Person berechnet.

Reistopf „italienische Art“

1 Zwiebel,
2 Knoblauchzehen,
2 EL Olivenöl,
2 Würfel Klare Suppe mit Suppengrün (Fertigprodukt),
100 g Linsen,
100 g Reis,
1 Dose geschälte Tomaten (425 ml),
1 Bd. glatte Petersilie,
Pfeffer aus der Mühle

Zwiebel und Knoblauchzehen schälen, kleinschneiden und im heißen Öl anbraten.
1 l Wasser hinzufügen, zum Kochen bringen und Brühwürfel darin auflösen.
Linsen hineinstreuen und zugedeckt 20 Minuten kochen lassen.
Reis und Tomaten dazugeben und weitere 20 Minuten kochen lassen.
Petersilie waschen, kleinschneiden und zur Suppe geben.
Abschließend mit Pfeffer würzen.

EW	Fett	KH	kcal/J
10 g	9 g	38 g	290/1225

Zuppa di Valpelline

Speck in Streifen schneiden und in einem Topf auslassen.
1 l Wasser hinzufügen, zum Kochen bringen und Brühwürfel darin auflösen.
Wirsing putzen, gründlich waschen und kleinschneiden.
Gemüse zu der Brühe hinzufügen und zugedeckt 20 Minuten kochen lassen.
Weißbrotscheiben toasten und danach auf vier Suppentellern verteilen.
Suppe darübergeben und mit Käse bestreut servieren.
Dazu schmeckt ein trockener Weißwein.

EW	Fett	KH	kcal/J
18 g	26 g	27 g	430/1795

100 g geräucherter durchwachsener Speck,
1 Würfel Klare Suppe mit Suppengrün (Fertigprodukt),
1 Wirsing,
4 Scheiben Weißbrot,
100 g geriebener Käse

Pasta e fagioli

200 g weiße Bohnen,
150 g Spiralnudeln,
80 g geräucherter durchwachsener Speck,
1 EL Olivenöl, 1 Zwiebel,
1 Möhre, 1 Tomate,
1 Stange Staudensellerie,
3 TL Klare Brühe (Fertigprodukt),
Pfeffer aus der Mühle,
2 EL gehackte Petersilie,
4 EL geriebener Parmesankäse

Bohnen in kaltem Wasser über Nacht einweichen und abtropfen lassen. Nudeln nach Packungsvorschrift kochen und abtropfen lassen. Speck in feine Würfel schneiden und im Öl glasig braten. Zwiebel und Möhre schälen, in feine Würfel schneiden. Tomaten und Staudensellerie waschen und würfeln. Gemüse zum Speck geben und kurz mitbraten. Bohnen hinzufügen. Mit 1 1/2 l Wasser auffüllen, Klare Brühe dazugeben, mit Pfeffer würzen und zugedeckt bei schwacher Hitze 1 1/2 Stunden kochen, dabei gelegentlich umrühren. Zum Schluß Nudeln dazugeben, alles heiß werden lassen und mit Petersilie und Parmesan bestreut servieren.

EW	Fett	KH	kcal/J
25 g	23 g	58 g	535/2245

Minestra di verdura

Gemüsesuppe

Zwiebeln putzen, in Ringe schneiden; Kohlrabi, Möhren und Spargel schälen, in mittelfeine Stifte und Spargel in kurze Stücke schneiden.
Artischockenblätter mit der Küchenschere von der harten Spitze befreien, vierteln und Schnittstellen rasch mit Zitronensaft einreiben, das „Heu" vom Boden abheben; Böden schälen.
Öl in einem Topf erhitzen, das Gemüse bis auf den Spargel ca. 3 Minuten andünsten. Spargel zugeben. Brühe und Wein aufgießen, salzen.
Gut mit Pfeffer abschmecken und alles 20 Minuten garen. Die Suppe mit den gehackten Kräutern bestreuen.

EW	Fett	KH	kcal/J
8 g	16 g	19 g	268/1122

1 Bd. Frühlingszwiebeln,
2 junge Kohlrabi,
300 g junge Möhren,
8 junge, kleine Artischocken,
2 EL Zitronensaft,
4 EL kaltgepreßtes Olivenöl,
250 g grüner Spargel,
100 g Erbsen (tiefgekühlt),
3/4 l Fleischbrühe,
1/8 l trockener Weißwein,
Salz,
weißer Pfeffer,
je 1 TL frischen Oregano, Basilikum, Thymian und Petersilie

Mozzarella in carrozza

Heiße Mozzarellaschnitten

2 Anchovisfilets,
1 Bd. Petersilie,
1 EL Kapern,
Saft von 1 Zitrone,
Butter,
16 Scheiben Baguette,
300 g Mozzarella,
3 Eier,
Salz,
Paniermehl,
Olivenöl

Anchovisfilets, Petersilie und Kapern fein hacken, mit Zitronensaft in einer Pfanne mit heißer Butter dünsten; zu einer Sauce verrühren, zur Seite stellen.
Inzwischen Baguettescheiben entrinden, Mozzarella in acht dicke Scheiben schneiden und jeweils eine Käsescheibe zwischen zwei Brotscheiben legen, dabei gut andrücken.
Eier verquirlen, salzen, die Käse-Brotschnitten durch die Eiermasse ziehen, anschließend im Paniermehl wenden.
Olivenöl erhitzen und die Käseschnitten von beiden Seiten darin goldbraun braten.
Heiße Fischsauce zu den Mozzarellaschnitten servieren.

EW	Fett	KH	kcal/J
30 g	14 g	71 g	505/2111

Minestrone

Gemüseeintopf

4 Möhren,
8 Stangen Staudensellerie,
4 Zucchini,
4 Zwiebeln,
2 Fenchelknollen,
200 g Brechbohnen,
4 Tomaten,
4 EL Olivenöl,
1 l Gemüsebrühe,
2 Bd. gehackte Petersilie,
2 geschälte Knoblauchzehen,
500 g Fleischknochen,
Parmesan

Gemüse putzen, waschen, kleinschneiden, im heißen Öl in einem großen Topf anbraten.
Mit Gemüsebrühe ablöschen, Petersilie, Knoblauch und Fleischknochen dazugeben, im offenen Topf leise köcheln lassen.
Nach einer Stunde Knochen entfernen, Suppe mit Salz und Pfeffer abschmecken.
In tiefen Tellern anrichten, mit Parmesan bestreuen.

EW	Fett	KH	kcal/J
92 g	68 g	37 g	1207/5045

Mozzarella con pomodori

Mozzarella mit Tomaten *(Titelbild)*

Von den Tomaten Stielansätze herausschneiden und in Scheiben schneiden. Abgetropften Mozzarella in Scheiben schneiden, jeweils 1 Stück Mozzarella auf eine Scheibe Tomate auf 4 Teller anrichten bis alles aufgebraucht ist. Basilikumblätter abspülen, trockentupfen, zerkleinern. Auf die Vorspeise verteilen. Mit Salz, Pfeffer abschmecken, mit Olivenöl beträufeln.

4 reife Fleischtomaten,
300 g Mozzarella,
1 Bd. Basilikum,
Salz, weißer Pfeffer aus der Mühle,
6 - 8 EL kaltgepreßtes Olivenöl, extra vergine

EW	Fett	KH	kcal/J
9 g	9 g	1 g	135/565

TIP Dazu schmeckt Weißbrot und leichter, trockener Weißwein.

Zuppa alla pavese

Brühe mit Eiern und geröstetem Brot

Weißbrotscheiben entrinden und auf beiden Seiten goldbraun toasten. Vier feuerfeste Suppentassen mit dem Brot auslegen, jeweils ein Ei daraufschlagen und mit heißer Fleischbrühe aufgießen. Suppe mit Parmesan bestreuen und im vorgeheizten Ofen bei mittlerer Temperatur rund 10 Minuten überbacken.

4 Scheiben Weißbrot,
4 Eier,
1 l Fleischbrühe,
50 g Parmesan

EW	Fett	KH	kcal/J
14 g	11 g	9 g	197/824

Suppli al telefono

Reiskroketten

Eier verquirlen, mit gekochtem Reis vermischen. Mozzarella würfeln. Reis zu eßlöffelgroßen Kroketten formen, in die Mitte jeweils einen Würfel Mozzarella drücken, in Paniermehl wälzen, im Kühlschrank ruhen lassen. In Fritierfett ausbacken und heiß servieren.

2 Eier,
2 Tassen gekochter Reis,
100 g Mozzarella,
Paniermehl,
Öl zum Fritieren

EW	Fett	KH	kcal/J
12 g	10 g	52 g	350/1464

Insalata con pollo

800 g Staudensellerie,
2 Möhren,
1 Würfel Klare Fleischsuppe (Fertigprodukt),
500 g Hähnchenbrustfilet
Für die Vinaigrette:
1 Ei,
1 Tomate,
2 EL schwarze Oliven,
2 EL Kapern,
2 EL gehackte Petersilie,
3 EL Weißweinessig,
3 EL Olivenöl

Staudensellerie putzen, waschen und in ca. 7 cm lange Stücke schneiden. Möhren schälen und in Scheiben schneiden. 1/2 l Wasser zum Kochen bringen, Brühwürfel darin auflösen. Sellerie, Möhren und Hähnchenbrustfilet hinzufügen und zugedeckt 30 Minuten kochen lassen.
Alles in der Brühe erkalten lassen. Für die Vinaigrette Ei hartkochen, pellen und kleinschneiden. Tomaten waschen und kleinschneiden. Oliven entsteinen und kleinschneiden. Ei, Tomate, Oliven, Kapern und Petersilie mischen und mit Essig und Öl gut verrühren. Hähnchenbrustfilet aus der Brühe nehmen und in schräge Scheiben schneiden. Vinaigrette mit dem Gemüse und restlicher Brühe gut mischen, auf Teller verteilen, Fleisch darauf anrichten.

EW	Fett	KH	kcal/J
35 g	16 g	9 g	340/1415

Gemüseantipasti

Paprikaschoten halbieren, putzen, waschen und vierteln.
Zucchini waschen und in Scheiben schneiden.
Champignons putzen, halbieren.
Gemüse nach und nach im heißen Öl anbraten. Mit Gemüsefond ablöschen.
Knoblauchzehe schälen, kleinschneiden, mit etwas Thymian, Oregano und Pfeffer würzen.
Zum Schluß Gemüse in einer flachen Auflaufform anrichten, Fond darübergießen und 2 - 3 Stunden kalt stellen.
Diese Antipasti wird mit frischem Baguette serviert.

1 rote Paprikaschote,
1 gelbe Paprikaschote,
1 Zucchini (300 g),
300 g Champignons,
6 EL Öl,
1 Glas Gemüsefond (Fertigprodukt à 150 ml),
1 Knoblauchzehe,
Thymian,
Oregano,
schwarzer Pfeffer

EW	Fett	KH	kcal/J
5 g	19 g	4 g	210/870

Ostriche gratinati

Gratinierte Austern

Austern abbürsten, mit einem Messer öffnen, vorsichtig herausnehmen und kurz in heißem Fischsud pochieren.
Gekochte Austern in Paniermehl wälzen, in die Schalen zurücksetzen und mit geschmolzener Butter, etwas Zitronensaft und einem Hauch Cayennepfeffer bestäuben.
Gefüllte Austernschalen im vorgeheizten Backrohr etwa 10 Minuten überbacken, bis der Inhalt eine goldbraune Farbe zeigt.

Pro Person:
1/4 Liter Fleischbrühe,
Butter,
3 Austern,
Paniermehl,
Zitronensaft,
Cayennepfeffer

EW	Fett	KH	kcal/J
12 g	27 g	12 g	346/1446

Insalata mista

Gemischter Salat

*1 großer Kopfsalat,
3 Fleischtomaten,
1/2 Kästchen Kresse,
1/2 gelbe Paprikaschote,
1 Schalotte, Salz,
2 - 3 EL Weißweinessig,
Pfeffer aus der Mühle,
5 - 6 EL kaltgepreßtes
Olivenöl*

TIP Statt Kopfsalat Römischen Salat (Romana) verwenden. Als weitere Zutaten passen Gurken, Stangensellerie, Champignons, Zwiebeln, Basilikum und gekochte grüne Bohnen.

Kopfsalat kalt waschen, trockenschleudern und zerpflücken. Tomaten waschen, abtrocknen, Stielansätze herausschneiden.
Kresse abspülen, trockenschwenken;
Paprikaschote putzen,
waschen und klein würfeln.
Schalotte schälen, sehr fein würfeln.
Essig mit Salz und Pfeffer verrühren, Öl tropfenweise hinzufügen, so daß die Sauce leicht sämig wird.
Salat, Tomaten, Kresse, Paprikaschoten und Schalotte locker unter die Sauce mengen und rasch servieren.

EW	Fett	KH	kcal/J
2 g	23 g	5 g	233/974

Italienischer Kartoffelsalat

*1 Glas italienische Antipasti
(Gemüse in Öl),
400 g Kartoffeln,
2 Beutel Fertigmischung für
Salatsauce „Italienische Art",
1 rote Zwiebel,
4 EL Kapern,
1 kleiner Radicchio,
200 g Ricotta-Käse*

Antipasti auf einem Sieb abtropfen lassen,
Öl beiseite stellen. Kartoffeln kochen, auskühlen lassen und würfeln.
Salatsauce nach Packungsvorschrift zubereiten, dabei das Öl der Antipasti verwenden. Zu den Kartoffeln geben, durchziehen lassen.
Zwiebeln schälen, in Ringe schneiden und hinzufügen. Kapern mit der Flüssigkeit hinzufügen. Radicchio waschen, in Streifen schneiden. Zum Kartoffelsalat geben, untermengen und mit der Antipasti auf Tellern anrichten. Ricotta würfeln und den Salat damit garnieren.

EW	Fett	KH	kcal/J
39 g	4 g	25 g	295/1230

Funghi alla griglia

Gegrillte Steinpilze

Pilze verlesen, sorgfältig putzen und wurmstichige Stellen entfernen.
Knoblauch schälen und fein zerdrücken, Petersilie abspülen, trocknen und hacken. Öl, Zitronensaft und Worcestersauce verrühren, mit Knoblauch und Petersilie mischen.
Pilze längs halbieren oder in dicke Scheiben schneiden, mit dem Öl 1 Stunde marinieren.
Dann unter dem Grill pro Seite ca. 1 Minute bräunen, salzen, pfeffern und heiß servieren.
Als Beilage eignen sich Knoblauchcrostini - Weißbrotscheiben rösten und mit Knoblauch einreiben.

EW	Fett	KH	kcal/J
92 g	68 g	37 g	1207/5045

500 g frische Steinpilze,
2 Knoblauchzehen,
1/2 Bund Petersilie,
1/8 l kaltgepreßtes Olivenöl,
2 EL Zitronensaft,
3 - 4 Spritzer Worcestersauce,
Salz,
Pfeffer aus der Mühle

TIP Man kann auch große Champignons oder Austernpilze so zubereiten. Auf Pilze mit Lamellen sollte man jedoch verzichten.

Pasta-Sauce „Mascarpone"

400 g Fettuccine (grüne Bandnudeln),
1 Schalotte,
20 g Butter,
1 Bd. Suppengrün,
1 Glas Geflügelfond (Fertigprodukt à150 ml),
4 TL Saucenbinder für helle Saucen,
1/2 Bd. Zitronenmelisse,
250 g Mascarpone,
Limonensaft

Nudeln bißfest kochen. Schalotte schälen, klein würfeln. In Butter anbraten.
Suppengrün putzen, waschen, würfeln und kurz mitbraten. Mit Geflügelfond und 100 ml Wasser aufgießen, zum Kochen bringen, etwa 7 Minuten köcheln lassen.
Saucenbinder einrühren, 1 Minute kochen.
Zitronenmelisse waschen, kleinschneiden, mit Mascarpone unterrühren.
Sauce mit Limonensaft würzen und zu den Nudeln servieren.

EW	Fett	KH	kcal/J
23 g	29 g	81 g	680/2850

Fettuccine mit Fenchel und Austernpilzen

Fenchel putzen, waschen, in Streifen schneiden. Austernpilze putzen und in mundgerechte Stücke schneiden.
Butter oder Margarine heiß werden lassen, Pilze und Fenchel anbraten. Mit knapp 1/4 l Wasser aufgießen, zum Kochen bringen und Brühwürfel darin auflösen; 10 Minuten kochen lassen.
Crème fraîche hinzufügen; mit Pfeffer würzen und mit Saucenbinder andicken.
Fettuccine nach Packungsvorschrift garen, abgießen. Tomate waschen und würfeln. Nudeln mit der Sauce mischen und mit Tomatenwürfeln bestreut servieren.

EW	Fett	KH	kcal/J
12 g	19 g	62 g	475/1990

500 g Fenchel,
300 g Austernpilze,
2 EL Butter oder Margarine,
1/2 Würfel Klare Gemüsesuppe (Fertigprodukt),
100 g Crème fraîche,
Pfeffer,
1 EL Saucenbinder für helle Saucen (Fertigprodukt),
250 g Fettuccine,
1 Tomate

Pasta

Nudelteig Grundrezept

500 g Mehl (am besten Hartweizenmehl),
5 Eier
(d. h. 1 Ei je 100 g Mehl),
1 kräftige Prise Salz,
2 - 3 EL Olivenöl

Mehl auf eine glatte Arbeitsfläche (am besten eine Marmorplatte) anhäufen, in die Mitte eine Mulde drücken.
Eier, Salz und Olivenöl in die Mitte geben. Mehl vom Rand zur Mitte hin vorsichtig einarbeiten, bis ein fester, geschmeidiger Teig entsteht.
Auf einem bemehlten Brett den Teig kräftig kneten: immer wieder mit dem Handballen flachdrücken, übereinanderschlagen und wieder flachdrücken. Wenn der Teig glatt und elastisch ist, mit einem Tuch bedeckt 1 Stunde ruhen lassen.
In mehrere Kugeln zerteilen und jede Kugel mit dem Nudelholz (am besten aus Marmor) oder der Nudelmaschine möglichst dünn ausrollen.
Anschließend in die gewünschten Formen zerschneiden oder mit einem Teigrädchen ausrollen.
Will man lange Nudeln, so muß man den Teig von zwei Seiten zur Mitte hin zusammenrollen. Dann quer zur Mitte in schmale Streifen schneiden. Mit einem langen Messer unter die Mitte fahren, hochheben und die langen Nudeln „entrollen".
Selbstgemachte Nudeln sind schneller gar als fertig gekaufte. Auf jeden Fall „al dente" – mit Biß servieren.

EW	Fett	KH	kcal/J
24 g	19 g	76 g	588/2461

Grüne Nudeln

250 g Spinat,
1 Grundrezept Nudelteig (siehe oben)

Spinat etwa 5 Minuten blanchieren, kalt abschrecken, gut ausdrücken und fein wiegen bzw. durch ein Sieb passieren.
Mit den Teigzutaten gut vermengen (evtl. etwas mehr Mehl verwenden, damit der Teig nicht zu flüssig wird).

EW	Fett	KH	kcal/J
24 g	19 g	76 g	588/2461

Spaghetti mit verschiedenen Saucen

Spaghetti nach und nach in das sprudelnd kochende, gesalzene Wasser gleiten lassen und in etwa 12 Minuten „al dente“ kochen.
Erst kurz vor Ende der Garzeit das Öl ins Kochwasser gießen.
In einem Sieb abtropfen und etwas ausdämpfen lassen, kurz kalt abschrecken.
Dazu passen Saucen aus dem Kapitel „Saucen“, Seite 32 - 37.

400 - 500 g Spaghetti,
40 - 50 g Salz,
1 kräftiger Schuß Olivenöl

EW	Fett	KH	kcal/J
15 g	10 g	80 g	480/2010

Lasagne bolognese

1 Dose geschälte Tomaten (425 ml),
2 Beutel Fertigmischung für Spaghetti „Bolognese",
400 g Hackfleisch
Für die Sauce:
1/8 l Milch,
1 Schächtelchen Helle Sauce (Fertigprodukt),
2 Ecken Schmelzkäse (125 g),
20 g Butter,
250 g Lasagne-Blätter,
150 g Gouda

Tomaten abtropfen lassen. Flüssigkeit mit Wasser auf 1/2 l ergänzen, erwärmen. Fertigmischung einrühren, zum Kochen bringen. Hackfleisch hinzufügen, durchrühren und 5 Minuten kochen. Tomaten dazugeben und heiß werden lassen.
Für die Sauce 1/8 l Wasser mit 1/8 l Milch erwärmen. Helle Sauce einrühren und aufkochen lassen. Schmelzkäse zerkleinern, unter die Sauce rühren. Eine feuerfeste Form mit Butter einstreichen. Lasagne-Blätter garen, abtropfen lassen. Abwechselnd eine Lage Lasagne-Blätter, etwas Sauce Bolognese, löffelweise Bechamelsauce und geriebenen Käse in die Form geben. Mit Bechamelsauce und Käse abschließen. In etwa 35 Minuten bei guter Mittelhitze fertigbacken.

EW	Fett	KH	kcal/J
53 g	44 g	71 g	885/3700

Spaghetti con vongole

Spaghetti mit Muscheln

1 kg Venusmuscheln oder 1 Glas mit 500 g Venusmuschelfleisch, 1 Bd. Petersilie, 2 Knoblauchzehen, 3 EL Olivenöl, 400 g geschälte Tomaten, Pfeffer aus der Mühle, 400 g Spaghetti

Muscheln gut waschen und aussortieren (kaputte oder geöffnete Muscheln wegwerfen!), in einen großen Topf mit wenig Wasser oder Weißwein geben und zugedeckt bei mittlerer Hitze dämpfen, bis sich alle Muscheln geöffnet haben.
Flüssigkeit abgießen, beiseite stellen; Muscheln etwas abkühlen lassen, dann Muschelfleisch herauslösen. Sud durch ein Leinentuch passieren.
1/2 Bund Petersilie fein hacken; Knoblauch schälen und hacken; Petersilie und Knoblauch mit Muschelsud und Olivenöl in einen Topf geben. Sud zur Hälfte einreduzieren lassen.
Tomaten passieren, hinzufügen, schnell eindicken. Pfeffer darübermahlen, salzen. Muschelfleisch in der Tomatensauce erwärmen, nicht mehr kochen lassen. Spaghetti kochen, abgießen und auf warmen Tellern anrichten, mit der Sauce begießen. Restliche Petersilie hacken, überstreuen.
Diese Spaghetti werden ohne Parmesan serviert.

EW	Fett	KH	kcal/J
38 g	16 g	79 g	612/2559

Spaghetti alla carbonara

100 g Speck oder Bauchspeck, 1 EL Öl, 400 g Spaghetti, 4 Eigelb, 1 kleiner Becher süße Sahne, 100 g geriebener Parmesan, Salz, Pfeffer

Speck in Streifen schneiden und in einer breiten Pfanne bei kleiner Hitze in Öl anbraten. Beiseite stellen und warm halten.
Spaghetti „al dente“ kochen. Inzwischen Eidotter, Sahne, Parmesan, etwas Salz und frisch gemahlenen Pfeffer in einer Schüssel verrühren.
Speck wieder erwärmen, Spaghetti abgießen, Speck zugeben und vermischen. Nudeln vom Ofen nehmen und Eiermasse schnell unterziehen. Auf warmen Tellern anrichten und mit dem restlichen Käse servieren.

EW	Fett	KH	kcal/J
31 g	55 g	77 g	933/3903

Pasta „Margherita" alla Norma *(Abb. S. 21)*

(für 3 Personen)

250 g Spiralnudeln,
2 Auberginen,
Kräutersalz,
6 EL Olivenöl,
1 Beutel Fertigmischung für Pasta „Margherita",
100 g Ricotta Käse

Nudeln nach Packungsvorschrift kochen, abtropfen lassen.
Auberginen waschen, längs in Scheiben schneiden, mit Kräutersalz bestreuen, etwas ziehen lassen, abtupfen.
In heißem Olivenöl von beiden Seiten hellbraun braten, warm stellen.
1/4 l Wasser in das Bratfett gießen, Fertigmischung einrühren, aufkochen und 1 Minute kochen lassen.
Petersilie waschen, einen Teil hacken, unter die Sauce geben.
Nudeln anrichten, mit Sauce mischen.
Ricotta zerkrümeln, überstreuen.
Auberginenscheiben längs halbieren und sternförmig auf der Pasta anrichten.
Mit restlicher Petersilie garnieren.

EW	Fett	KH	kcal/J
16 g	26 g	80 g	625/2615

Tagliatelle con prosciutto

Bandnudeln mit Schinken und Petersilie

400 g Tagliatelle,
4 Knoblauchzehen,
200 g gekochter Schinken,
2 Bd. Petersilie,
Salz,
Pfeffer,
Parmesan

Tagliatelle im sprudelnden Salzwasser „al dente" kochen, abgießen und kalt abschrecken.
Geschälten Knoblauch, Schinken und Petersilie fein hacken und im heißen Olivenöl anbraten.
Tagliatelle mit Salz und Pfeffer unter die heiße Sauce ziehen und mit Parmesan servieren.

EW	Fett	KH	kcal/J
23 g	18 g	72 g	543/2273

Frittata di pasta

Nudel-Omelett

1 Bd. Basilikum,
150 g gekochter Schinken,
4 Eier,
125 g frisch geriebener Parmesan,
Salz,
Pfeffer aus der Mühle,
400 g gekochte, kalte Makkaroni,
100 g Butter

Basilikum abspülen, trockentupfen und fein hacken. Schinken sehr klein würfeln. Eier gut verschlagen und nach und nach Parmesan unterrühren, so daß sich keine Klümpchen bilden. Basilikum und Schinken untermischen und mit Salz und Pfeffer abschmecken. Makkaroni in mundgerechte Stücke schneiden und zugeben. 50 g Butter in einer größeren Pfanne erhitzen, die Ei-Makkaroni-Mischung hineingeben. Bei mittlerer Hitze stocken lassen, bis die Unterseite leicht gebräunt ist. Omelett mit Hilfe eines großen Topfdeckels wenden. Zuvor restliche Butter in die Pfanne geben und die Frittata zu Ende braten, sofort servieren.

TIP Dazu schmecken alle frischen Blattsalate.

EW	Fett	KH	kcal/J
43 g	39 g	68 g	796/3332

Frittata di spaghetti

Spaghetti-Omelett

Geschälte und feingewürfelte Zwiebel in 20 g Butter glasig dünsten. Paprika und Zucchini putzen, waschen, fein würfeln und hinzufügen. 3 Minuten dünsten. Petersilie waschen, trockentupfen und hacken. Eier in einer Schüssel gut verschlagen, nach und nach 80 g Parmesan und vorbereitete Zutaten untermengen. Salzen und pfeffern, dann die Spaghetti unterheben. In eine reichlich gefettete Springform geben. Restliche Butter in Flöckchen darauf verteilen und mit restlichem Käse bestreuen. Die Frittata im auf 225 Grad (Gas: Stufe 4) vorgeheizten Ofen 30 - 40 Minuten backen, bis die Oberseite knusprig braun ist. Frittata di spaghetti in vier Portionen teilen, servieren.

EW	Fett	KH	kcal/J
27 g	36 g	54 g	650/2720

1 kleine Zwiebel,
100 g Butter,
1 rote Paprikaschote,
2 kleine Zucchini,
1/2 Bd. Petersilie,
5 Eier,
100 g frisch geriebener Parmesan,
Salz,
Pfeffer aus der Mühle,
300 g gekochte, kalte Spaghetti

Pizza succulenta

250 g Mehl,
20 g Hefe,
Salz,
2 große Dosen geschälte Tomaten,
2 Knoblauchzehen,
5 EL Olivenöl,
schwarzer Pfeffer aus der Mühle,
1 TL zerriebener Oregano,
1 Bd. Basilikum,
Mehl zum Ausrollen,
Öl zum Einfetten und Bestreichen,
2 EL Sardellenpaste,
150 g Champignons,
150 g gekochter Schinken,
50 g schwarze Oliven,
8 mild eingelegte Peperoni,
5 Artischockenherzen (aus der Dose),
4 Sardellenfilets,
etwa 400 g Mozzarella,
2 EL frisch geriebener Pecorino oder Parmesan,
Olivenöl zum Beträufeln

Mehl in eine Schüssel sieben, in die Mitte eine Mulde drücken, Hefe hineinbröckeln.
40 ml lauwarmes Wasser angießen, Hefe damit und mit etwas Mehl vom Rand zum Vorteig verrühren. Mit einem Tuch bedecken, 10 -15 Minuten gehen lassen.
65 ml lauwarmes Wasser mit einer kräftigen Prise Salz hinzufügen, alles zu einem glatten, elastischen Teig verarbeiten; schlagen, bis er Blasen wirft und sich vom Schüsselrand löst; 30 Minuten gehen lassen.
Inzwischen Tomaten auf einem Sieb abtropfen lassen, fein hacken. Knoblauchzehen schälen, fein würfeln.
Etwa 3 EL Öl in einem Topf erhitzen, Knoblauch kurz darin anbraten, jedoch nicht bräunen, Tomaten hinzufügen. Mit Salz, Pfeffer und Oregano würzen, kochen lassen, bis die Masse dickflüssig wird; abkühlen lassen. Basilikum waschen, trockentupfen und in feine Streifen schneiden.
Hefeteig auf bemehlter Arbeitsfläche durchkneten.
Ein großes Backblech mit etwas Öl einfetten. Teig halbieren und jede Hälfte zu einem runden, dünnen Fladen ausrollen. Diese auf das Blech legen.
Sardellenpaste mit restlichem Olivenöl verrühren und Teigplatten gleichmäßig damit bestreichen. Die Böden mehrfach mit einer Gabel einstechen.
Basilikum unter die Tomatensauce mischen, diese auf die Pizzas streichen. Champignons putzen und blättrig schneiden. Schinken in Streifen teilen.
Backofen auf etwa 200 Grad vorheizen. Oliven, Peperoni, Artischockenherzen und Sardellenfilets abtropfen lassen. Oliven halbieren, Artischockenherzen vierteln. Sardellen in kleine Stücke teilen. Mozzarella in kleine Stücke schneiden.
Zutaten auf den Pizzas verteilen.
Pecorino oder Parmesan gleichmäßig darüber verteilen; reichlich mit Olivenöl beträufeln.
Pizzas auf die Mittelschiene des heißen Ofens schieben und in 15 - 20 Minuten backen, bis der Teig gar ist und die Ränder knusprig sind.

TIP Sie können den Pizzateig auch als große Fläche auf einem Backblech ausrollen und belegen.

EW	Fett	KH	kcal/J
69 g	82 g	77 g	1323/5536

(Zutaten siehe Pizzateig von S. 24)

Variante:

Pizza Margherita

Boden mit gehäuteten, entkernten Tomatenscheiben oder mit passierten Tomaten bedecken, mit Mozzarellascheiben und Basilikumblättchen belegen. Salzen und mit Olivenöl beträufeln.

Variante:

Pizza alla marinara

Belag aus gehäuteten, entkernten und gut abgetropften Tomatenstückchen, Knoblauchscheiben, Sardellen- oder Anchovisfilets und reichlich Olivenöl. Nach Belieben auch ein paar Kapern; reichlich pfeffern.

Variante:

Pizza quattro stagioni

Boden mit dem Messerrücken zu Vierteln einkerben oder durch zwei dünne, kreuzweise übereinandergelegte Teigstreifen teilen. Jedes Viertel bekommt einen anderen Belag, zum Beispiel Muscheln für das erste, Sardellen, Oliven und Knoblauch für das zweite, Tomaten, Mozzarella und Basilikum für das dritte und geviertelte Artischockenherzen und Schinkenstreifen für das letzte Viertel. Üppig mit Olivenöl beträufeln und nach Wunsch auch mit etwas zerriebenem Oregano bestreuen.

EW	Fett	KH	kcal/J
69 g	82 g	77 g	1323/5536

Calzone all'italiana

Pizza-Maultaschen

Pizzateig herstellen, wie bei „Pizza succulenta" beschrieben. Gehen lassen. Inzwischen Schinken würfeln, Champignons putzen, grob hacken, Knoblauch und Zwiebel in feine Würfel schneiden. Butter in der Pfanne erhitzen und Schinken kurz anbraten, dann Champignons, Zwiebeln und Knoblauchzehen dazugeben, mit gehackter Petersilie bestreuen und kurz mitdünsten lassen. Zum Schluß kleingeschnittenen Mozzarella und in feine Streifen geschnittene Salami unterrühren, mit Salz und Pfeffer abschmecken, gehacktes Basilikum dazugeben. Sauce mit Eigelb verrühren. Pizzateig dick ausrollen, 2 große Kreise austechen. Jeweils die Hälfte jedes Kreises mit Füllung belegen, Ränder mit Wasser bestreichen. Kreise halbmondförmig übereinanderschlagen und Ränder andrücken. Maultaschen mit etwas Eigelb bestreichen und auf gefetteten Blech bei mittlerer Temperatur eine halbe Stunde backen.

EW	Fett	KH	kcal/J
32 g	66 g	87 g	1101/4606

Pizzateig
(siehe S. 24),
80 g Schinken,
125 g Champignons,
2 Knoblauchzehen,
1 Zwiebel,
Butter zum Braten,
1 Bd. Petersilie,
150 g Mozzarella,
80 g Salami,
Salz,
Pfeffer,
1/2 Bd. Basilikum,
1 Eigelb,
Olivenöl zum Einfetten

Pizza milanese

Pizzaform mit Öl einfetten. Teig daraufgeben. 1 cm hohen Rand formen. Teig mit Öl bestreichen. Für Belag Garnelen auftauen. Tomatenmark auf Teig streichen. Geschälte, mit Salz zerdrückte Knoblauchzehen darüberstreuen. Zwiebeln schälen, in Ringe schneiden, mit kochendem Wasser überbrühen, abtropfen lassen. Salamischeiben auf die Pizza verteilen. Abgetropfte Garnelen auf Pizza geben. Oliven in Scheiben schneiden; Pizza damit garnieren. Mit Pfeffer, Salz und Oregano bestreuen. Käse in Würfel schneiden, über Pizza streuen. Bei 225 Grad 20 - 25 Minuten backen.

EW	Fett	KH	kcal/J
22 g	32 g	32 g	541/2261

Pizzateig (siehe S. 24),
150 g Garnelen (tiefgekühlt),
2 EL Tomatenmark,
2 Knoblauchzehen,
Salz,
2 Zwiebeln,
100 g italienische
Pfeffersalami,
60 g gefüllte Oliven,
schwarzer Pfeffer,
1/2 TL Oregano,
Basilikum,
100 g Mozzarella

Pizza verde

Spinatpizza

20 g Hefe,
300 g Mehl,
Salz,
6 EL kaltgepreßtes Olivenöl,
Mehl zum Bestäuben,
750 g Blattspinat,
70 g frisch geriebener Parmesan,
150 g Mozzarella

TIP Den Spinat können Sie zusätzlich mit Pfeffer, Muskat und ein paar sehr fein gehackten Sardellenfilets würzen.

Aus Hefe, 1/8 l lauwarmem Wasser, Mehl, 1/2 TL Salz und 2 EL Öl einen Hefeteig kneten und gehen lassen. Spinat verlesen, putzen, gut waschen und in reichlich sprudelnd kochendem Salzwasser 30 Sekunden blanchieren. In Eiswasser abschrecken, danach gut ausdrücken. Teig auf der bemehlten Fläche dünn ausrollen, in eine geölte Pizzaform legen, mit einer Gabel mehrmals einstechen und Spinat darauf verteilen. Etwas salzen, mit Olivenöl beträufeln und mit Parmesan bestreuen. Mozzarella in dünne Scheiben schneiden. Pizza damit belegen, auf unterster Schiene im auf 225 Grad (Gas: Stufe 4) vorgeheizten Ofen 20 - 25 Minuten backen.

EW	Fett	KH	kcal/J
24 g	40 g	56 g	678/2837

Pizza con peperoncini

Pizza mit Peperoni

Aus Hefe, 1/8 l lauwarmem Wasser, Mehl, Salz, Zucker und Cognac einen Hefeteig abschlagen, gehen lassen. Pizzaform mit Olivenöl einfetten und Belag zubereiten. Knoblauchwurst häuten, in sehr dünne Scheiben teilen. Zwiebeln schälen, in Ringe schneiden. Paprikaschoten halbieren, entkernen, waschen, in Streifen schneiden. Peperoni in Stückchen hacken. Öl erhitzen. Zwiebeln, Paprikastreifen und Peperoni darin schmoren. Hefeteig etwas größer als die Pizzaform ausrollen, in die Form legen. Teig einstechen, mit Butter bestreichen. Knoblauchwurst, Zwiebelringe und Paprikagemisch, dann Kapern und Käse daraufgeben. Mit Paprika bestäuben, bei 225 Grad 20 - 25 Minuten backen.

EW	Fett	KH	kcal/J
18 g	48 g	34 g	650/2719

10 g Hefe,
150 g Mehl,
Salz, 1 Prise Zucker,
1 EL Cognac,
Olivenöl zum Einfetten,
200 g Knoblauchwurst,
200 g Zwiebeln,
250 g rote Paprikaschoten,
2 grüne Peperoni
(frisch oder aus dem Glas),
2 EL Olivenöl,
Mehl zum Ausrollen,
20 g Butter,
1 EL Kapern,
50 g geriebener Emmentaler,
1 EL Paprika, edelsüß

Pizza alice

Sardellenpizza

Aus Hefe, 1/8 l Wasser, Mehl, 1 Prise Salz, Zucker und Öl einen Hefeteig abschlagen und gehen lassen. Backblech einfetten, mit Teig auslegen. Ringsherum einen erhöhten Rand formen, nochmal gehen lassen. Tomaten würfeln. Zwiebeln schälen, würfeln. 3 EL Öl erhitzen, Zwiebeln 7 Minuten darin dünsten, nicht bräunen. Tomaten und Tomatensaft zufügen, mit Salz, Pfeffer, Oregano und Basilikum würzen, 15 Minuten kochen lassen. Die Hälfte der Sardellen zum Garnieren zurücklassen; die übrigen in die Tomatensauce geben. Mozzarella dazuraffeln. Alles vermischen, mit Salz abschmecken. Hälfte der Masse auf dem Teig verteilen, auf 225 Grad 20 - 25 Minuten backen. Nach 10 Minuten restliche Masse auftragen, mit Sardellen bestreuen und nochmals 10 Minuten backen.

EW	Fett	KH	kcal/J
57 g	74 g	59 g	1106/4629

20 g Hefe,
250 g Mehl,
Salz,
1 Prise Zucker,
2 EL Öl,
Mehl zum Ausrollen,
Öl zum Einfetten,
750 g Tomaten (Dose),
200 g Zwiebeln,
6 EL Öl,
1/8 l Tomatensaft,
schwarzer Pfeffer,
1 TL Oregano,
1/2 TL Basilikum,
75 g Sardellenfilets,
750 g Mozzarella,
60 g Parmesan

Pizza con funghi e prezzemolo

Pilzpizza mit Petersilie

20 g Hefe,
300 g Mehl,
Salz
6 EL kaltgepreßtes Olivenöl,
Mehl zum Bestäuben,
500 g Champignons,
3 - 4 gehackte Knoblauchzehen,
3 EL gehackte Petersilie,
Pfeffer aus der Mühle

Aus Hefe, 1/8 l Wasser, Mehl, 1/2 TL Salz und 2 EL Öl einen Hefeteig kneten und mit Mehl bestäubt gehen lassen. Eine Pizzaform mit Öl einfetten. Champignons putzen, unschöne Stellen wegschneiden, und mitsamt den Stielen in etwa 3 mm dicke Scheiben schneiden. Nur kurz mit Knoblauch und Petersilie im restlichen Öl anbraten, so daß die Pilze keine Flüssigkeit abgeben. Teig auf gut bemehlter Arbeitsfläche ausrollen, in die Form legen und einige Male mit einer Gabel einstechen. Pilzmischung darauf verteilen und salzen. Pizza im auf 225 Grad (Gas: Stufe 4) vorgeheizten Ofen 20 - 25 Minuten backen, nach Geschmack mit Pfeffer würzen. Heiß servieren.

EW	Fett	KH	kcal/J
13 g	24 g	57 g	492/2059

Pizza con cipolle

Zwiebelpizza

Aus Hefe, 1/8 l lauwarmer Milch, Mehl, Salz, Zucker und Margarine einen Hefeteig abschlagen und gehen lassen. Zwiebeln schälen, in halbe Ringe schneiden. Knoblauchzehen schälen, hacken. Petersilie und Thymian abspülen, trockentupfen; Lorbeerblätter im Mörser zerstoßen. Butter erhitzen, Zwiebeln, Knoblauch, Kräuter und Lorbeerblätter zugedeckt dünsten, bis die Zwiebeln weich sind. Mit Salz und Pfeffer würzen. Hefeteig in Backblechgröße ausrollen, Blech mit Öl einfetten, Teig darauflegen. Oliven halbieren, in Scheiben schneiden, auf dem Hefeteig verteilen. Zwiebelmischung darübergeben. Pizza mit Anchovisfilets belegen; bei 225 Grad auf mittlerer Schiene 20 - 25 Minuten backen.

EW	Fett	KH	kcal/J
13 g	51 g	69 g	798/3339

20 g Hefe,
1/8 l lauwarme Milch,
250 g Mehl,
Salz,
Zucker,
40 g Margarine,
1 kg Zwiebeln,
2 Knoblauchzehen,
1 Bd. Petersilie,
1 Msp. Thymian,
3 Lorbeerblätter,
100 g Butter,
Pfeffer,
Mehl zum Ausrollen,
Öl zum Einfetten,
150 g schwarze Oliven,
30 g Anchovisfilets

Pizza con salami

Salamipizza

Aus Hefe, 1/8 l lauwarmem Wasser, Mehl, Salz, Zucker und Cognac einen Hefeteig abschlagen; gehen lassen. Pizzaform mit Olivenöl einfetten und Belag zubereiten. Zwiebeln schälen, in Ringe schneiden. Tomaten häuten, in Scheiben schneiden. Oliven halbieren. Hefeteig etwas größer als die Pizzaform ausrollen. Teig in die Form legen, mehrmals einstechen. Zuerst Salamischeiben, dann kleingeschnittenen Schinken, Zwiebelringe und Tomatenscheiben auf dem Teig verteilen. Olivenhälften darüberstreuen. Mit Salz, Pfeffer, Oregano würzen. Parmesankäse darüber verteilen. Im auf 260 Grad vorgeheizten Ofen auf mittlerer Schiene 10 - 15 Minuten backen.

EW	Fett	KH	kcal/J
25 g	29 g	30 g	563/2355

10 g Hefe,
150 g Mehl,
Salz,
Zucker,
1 EL Cognac,
Olivenöl zum Einfetten,
2 Zwiebeln,
8 Tomaten,
8 grüne Oliven,
Mehl zum Ausrollen,
200 g Pfeffersalami,
100 g Schinken,
schwarzer Pfeffer,
1 TL zerriebener Oregano,
50 g geriebener Parmesan

Salsa verde

Italienische grüne Sauce

1 Scheibe Toastbrot,
2 - 3 EL Kräuteressig,
2 Bd. Petersilie,
1 EL Kapern,
4 Sardellenfilets,
2 Knoblauchzehen, Salz,
1 Schalotte,
1 hartgekochtes Ei,
150 ml kaltgepreßtes Olivenöl

Toastbrot entrinden, würfeln, in Essig einweichen. Petersilie waschen und wie die Kapern und Sardellenfilets fein hacken. Knoblauchzehe schälen, würfeln, mit etwas Salz zerreiben. Schalotte schälen, fein würfeln. Alles vermengen. Ei pellen, Eigelb durch ein Sieb streichen und in die Sauce rühren. Öl unterschlagen, mit fein gehacktem Eiweiß bestreuen.

EW	Fett	KH	kcal/J
5 g	40 g	5 g	400/1672

Tomaten-Basilikum-Sauce

Tomaten in einem Sieb abtropfen lassen, Flüssigkeit auffangen. Tomaten fein hacken oder mit einem Kartoffelstampfer zerdrücken. Dabei eventuell vorhandene Stielansätze entfernen.
Zwiebel und Knoblauchzehen schälen, fein hacken und in heißem Öl glasig braten, ohne sie braun werden zu lassen.
Mit Tomatenflüssigkeit ablöschen. Tomaten, Oregano und Hälfte des Basilikums hinzufügen. Sauce salzen und pfeffern und bei starker Hitze im offenen Topf cremig einkochen lassen.
Abschmecken und mit restlichem Basilikum servieren. Frisch geriebenen Parmesan dazu reichen.

EW	Fett	KH	kcal/J
1 g	3 g	3 g	36/152

1 Dose geschälte Tomaten (800 g),
1 Zwiebel,
2 Knoblauchzehen,
4 EL Olivenöl,
1 Prise zerriebener (oder fein gehackter frischer) Oregano,
1 Bd. Basilikum, Salz,
frisch geriebener Parmesan,
Pfeffer aus der Mühle

TIP Sauce zusätzlich mit einem zerdrückten Sardellenfilet (oder etwas Sardellenpaste) und/oder einer Prise Muskat würzen.

Sugo finto

Tomatensauce

Gemüse und Petersilie waschen, putzen, klein hacken. Speck kleinschneiden. In einem Topf bei mittlerer Hitze schmoren, Tomaten hinzufügen und 30 Minuten einkochen lassen. Mit Fleischbrühe verfeinern, salzen und pfeffern.
Aus frischen Tomaten zubereitet, ist diese Sauce besonders köstlich. Allerdings wird sie nicht so rot. Wer mag, kann daher zusätzlich etwas Tomatenmark hinzugeben.

EW	Fett	KH	kcal/J
20 g	9 g	6 g	191/797

1 Zwiebel,
1 Stange Staudensellerie,
1 Möhre,
1 Bd. Petersilie,
50 g Speck,
1 Dose Tomaten,
1 Tasse Fleischbrühe,
Salz,
Pfeffer

Tomaten-Coulis

3 kg reife Tomaten,
Salz,
Zucker,
1 Lorbeerblatt

TIP In Tomaten-Coulis können Sie Paprika, Zucchini, Zwiebeln, Erbsen, Bohnen und auch grünen Spargel dünsten. Kalt schmeckt sie hervorragend zu Grillfleisch.

Tomaten waschen, halbieren und von Stielansätzen und Kernen befreien. Schnittflächen mit Salz bestreuen. Eine Stunde ziehen lassen. Abgetropfte Tomaten fein zerschneiden und portionsweise unter Rühren in einer trockenen Pfanne dünsten, bis sie zusammenfallen; durch ein Sieb streichen, Salz, Zucker und Lorbeerblatt hinzufügen. Alles 15 Minuten leise köcheln lassen. Sofort ohne den Lorbeer in Twist-off-Gläser füllen, heiß verschließen und kühl aufbewahren.

EW	Fett	KH	kcal/J
8 g	2 g	23 g	131/546

Pesto alla genovese

Kalte Pinien-Kräutersauce

Basilikumblätter und Pinienkerne grob hacken, dann zusammen mit Knoblauch, Salz und Pfeffer in den Mörser geben.
Mit dem Stößel zu einer glatten Paste zerstampfen, dann tropfenweise das Öl hinzugeben. Erst zum Schluß den geriebenen Parmesan untermengen.
Um diese kalte Kräutersauce besser mit Nudelgerichten vermischen zu können, wird sie mit etwas Nudelwasser verdünnt.

EW	Fett	KH	kcal/J
6 g	20 g	19 g	223/934

60 g Basilikumblätter,
40 g Pinienkerne,
2 Knoblauchzehen,
Salz,
Pfeffer,
5 EL Olivenöl,
50 g geriebener Parmesan

Pizzaiola

Olivenöl in einem großen Topf erhitzen, Zwiebeln darin glasig dünsten. Knoblauch hinzufügen, unter Rühren noch 2 Minuten weiterdünsten.
Dosentomaten in ihrem Saft mit einer Gabel grob zerdrücken, mit Tomatenmark, Kräutern und allen Gewürzen in den Topf geben.
Aufkochen und offen etwa eine Stunde lang einkochen lassen.
Nochmals mit Salz und Pfeffer abschmecken, Lorbeerblatt entfernen.
Diese Sauce wird zu Fleisch und auf Pizzas verwendet. Zu Nudelgerichten (z. B. Spaghetti al pomodoro) sollte man sie noch durch ein Sieb passieren.

EW	Fett	KH	kcal/J
2 g	8 g	15 g	141/591

Für etwa 3 Tassen Sauce:
3 EL Olivenöl,
3 fein gehackte Zwiebeln,
2 - 3 fein gehackte Knoblauchzehen,
1 Dose italienische Tomaten,
150 g Tomatenmark,
1 EL Oregano (frisch oder getrocknet),
1/2 Sträußchen frisches Basilikum, fein gehackt (ersatzweise 1 TL getrocknetes Basilikum),
1 Lorbeerblatt,
2 TL Zucker,
Salz,
Pfeffer

Fleischsauce Bologneser Art

60 g durchwachsener geräucherter Speck,
1 Zwiebel,
1 mittelgroße Möhre,
1 Stange Staudensellerie,
30 g Butter,
2 EL Olivenöl,
300 g gemischtes Hackfleisch,
1 - 2 EL Tomatenmark,
1/8 l Fleischbrühe,
1/8 l Rotwein,
6 EL Milch oder Sahne,
Salz, Pfeffer aus der Mühle,
Oregano

TIP Für die Sauce, die in Italien Ragù alla bolognese heißt, gibt es viele Variationen: Mit eingeweichten – oder frischen – gehackten Pilzen, in Butter gebratenen Geflügellebern oder gehackter Petersilie.

Speck würfeln; Zwiebel und Möhre schälen, Staudensellerie putzen. Zwiebel, Möhre und Sellerie klein würfeln. Butter in einer breiten Pfanne erhitzen und Speck darin unter Wenden in etwa 10 Minuten leicht bräunen. In einen Topf geben.
Olivenöl in der Pfanne erhitzen, Hackfleisch darin unter ständigem Rühren anbraten, bis es fein krümelig ist, in den Topf geben und bei starker Hitze heiß werden lassen. Tomatenmark, Fleischbrühe und Wein einrühren. Alles aufkochen lassen, dann die Temperatur herunterschalten und die Sauce mindestens 45 Minuten, besser 2 bis 3 Stunden bei ganz schwacher Hitze leise köcheln lassen. Dabei hin und wieder umrühren, damit die Sauce nicht anbrennt. Milch oder Sahne unterrühren und im offenen Topf unter Rühren kochen, bis sie sich glatt und ganz mit der Fleischsauce verbunden hat.
Mit Salz, Pfeffer und Oregano abschmecken und sehr heiß zu den Nudeln reichen.

EW	Fett	KH	kcal/J
5 g	9 g	1 g	168/450

Gorgonzola-Sauce

1 EL Butter,
1/8 l Weißwein,
1/8 l süße Sahne,
100 g Gorgonzola,
2 Eigelb,
Salz,
Pfeffer

Butter erhitzen, mit Weißwein und Sahne ablöschen, einkochen lassen. Gorgonzola in kleine Würfel schneiden, hinzufügen, langsam in der Sahnesauce schmelzen lassen. Sauce vom Ofen nehmen, Eigelb hinzufügen, gut verrühren und mit Pfeffer abgeschmeckt servieren.

EW	Fett	KH	kcal/J
10 g	16 g	2 g	190/793

Gemüsesauce zum Dippen

Das rohe Gemüse putzen und waschen. Sellerie in Stangen teilen, übriges Gemüse in Streifen schneiden und auf einem Teller anrichten. Essig, Salz und Pfeffer gut verrühren, dann langsam das Öl unterschlagen. Mit gehackten Kräutern und durchgepreßtem Knoblauch würzen. Für die zweite Sauce Crème fraîche und Eigelb verrühren, den Gorgonzola durch ein Sieb streichen, unterrühren. Mit Pfeffer und Cayennepfeffer würzen. Für die dritte Sauce Mayonnaise mit Tomatenmark färben, mit Sahne und Grappa mischen und mit Salz und Cayennepfeffer abschmecken. Die Saucen getrennt in Schälchen reichen, und bei Tisch die Gemüsestücke darin „eindippen". Dazu schmeckt italienisches Weißbrot.

EW	Fett	KH	kcal/J
15 g	67 g	20 g	743/3109

6 junge Möhren,
1 Stangensellerie,
1 Salatgurke,
2 zarte Fenchelknollen,
3 EL Weinessig,
Salz,
Pfeffer,
5 EL kaltgepreßtes Olivenöl,
2 Bd. gemischte Kräuter,
2 Knoblauchzehen,
125 g Gorgonzola,
125 g Crème fraîche,
1 Eigelb,
Cayennepfeffer,
100 g Mayonnaise,
2 EL Tomatenmark,
3 EL süße Sahne,
1 TL Grappa

Italienischer Rinderbraten

500 g Rinderbraten,
Salz,
Pfeffer,
2 EL Öl,
1 Dose Tomaten (220 ml),
1 Glas Rindfleischfond (Fertigprodukt à 150 ml),
1 gelbe Paprikaschote,
1 kleine Zucchini,
125 g Steinpilzchampignons,
1/2 EL Mehl,
1 EL Crème fraîche

Rinderbraten mit Salz, Pfeffer würzen. In Öl anbraten. 1/2 Glas Rindfleischfond, abgetropfte Tomaten zum Braten geben, 45 Minuten kochen. Paprika, Zucchini, Pilze in Stücke schneiden. Mit restlichem Rindfleischfond zum Fleisch geben, 20 Minuten köcheln. Fleisch herausnehmen, aufschneiden, mit Gemüse und Tomatensaft anrichten. Mehl und Crème fraîche unterziehen.

EW	Fett	KH	kcal/J
27 g	26 g	5 g	365/1525

Scaloppine al limone

Kalbsschnitzel mit Zitrone

Kalbsschnitzel pfeffern, salzen und kurz in Mehl wenden. Olivenöl in der Pfanne erhitzen und die Schnitzel kurz von beiden Seiten anbraten, aus der Pfanne nehmen und Bratensatz mit Fleischbrühe ablöschen.
Die Sauce bei kleiner Flamme einkochen lassen, Zitronen in feine Scheiben schneiden und auf die Kalbsschnitzel legen.
Fleischstücke zurück in die eingedickte Sauce legen und zugedeckt 5 Minuten lang schmoren lassen. Schnitzel dann herausnehmen und warm stellen. Zitronensaft und Weißwein an die Sauce geben, nochmals kurz aufkochen und einkochen lassen, mit der gehackten Petersilie würzen und mit den Kalbsschnitzeln servieren.

4 Kalbsschnitzel,
Pfeffer,
Salz,
Mehl,
Olivenöl,
1/4 l Fleischbrühe,
2 unbehandelte Zitronen,
Zitronensaft,
1/8 l Weißwein,
2 EL gehackte Petersilie

EW	Fett	KH	kcal/J
67 g	17 g	5 g	457/1912

Fegato di vitello

Kalbsleber mit Salbeizwiebeln

Zwiebeln in feine Ringe schneiden, in einer Pfanne in Butter glasig werden lassen.
Frische Salbeiblätter dazugeben und bei niedriger Temperatur in geschlossener Pfanne weiterschmoren lassen.
Olivenöl und Butter in einer zweiten Pfanne erhitzen und Kalbsleberscheiben ungesalzen darin braten. Vor dem Servieren salzen und pfeffern und mit den Salbeizwiebeln anrichten.

3 Zwiebeln,
Butter,
10 frische Salbeiblätter,
Olivenöl,
300 g Kalbsleber

EW	Fett	KH	kcal/J
15 g	14 g	9 g	247/1032

Piccata milanese

4 kleine Tomaten,
150 g Rinderzunge, gepökelt und gekocht,
200 g geputzte Champignons,
250 g Spaghetti, Salz,
4 EL kaltgepreßtes Olivenöl,
20 g Butter,
8 Kalbsschnitzel à 80 g,
3 EL Mehl,
50 g frisch geriebener Parmesan,
3 Eier,
1/4 l fertige Tomatensauce,
2 EL gehackte Petersilie

Tomaten häuten, entkernen, wie die Zunge in Streifen, Champignons in Scheiben schneiden.
Spaghetti in reichlich, mit 1 EL Öl gemischtem Salzwasser „al dente" kochen.
Restliches Öl mit Butter erhitzen. Schnitzel mit dem Handballen klopfen, leicht salzen, in Mehl wenden.
Käse mit Eiern verschlagen, Schnitzel durchziehen und im heißen Fett braten.
Spaghetti abtropfen, mit Tomatensauce mischen, Schnitzel darauf anrichten.
Tomaten, Zunge, Pilze und Petersilie im heißen Bratfett kurz erhitzen, über die Schnitzel verteilen.

EW	Fett	KH	kcal/J
61 g	39 g	58 g	830/3473

Ossobuco originale

Kalbshaxe italienische Art

Kalbsscheiben in Mehl wenden, in heißer Butter anbraten.
Gemüse putzen, kleinschneiden, dazugeben und anbraten. Mit Weißwein ablöschen und mit Tomaten auffüllen.
Mit Salz und Pfeffer abschmecken und eine Stunde bei kleiner Flamme garen.
10 Minuten vor Ende der Garzeit Petersilie hacken, mit Knoblauch und abgeriebener Zitronenschale vermischen und auf das Fleisch streuen.
Als Beilage paßt Risotto alla milanese (siehe S. 65).

EW	Fett	KH	kcal/J
89,9 g	49,0 g	30,3 g	924/3862

4 Scheiben Kalbshaxe,
Mehl,
50 g Butter,
1 Zwiebel,
1 Stange Staudensellerie,
1 Möhre,
1/4 l Weißwein,
1 kleine Dose geschälte Tomaten,
Salz, Pfeffer,
1 Bd. Petersilie,
2 gepreßte Knoblauchzehen,
Schale von 1 unbehandelten Zitrone

Scaloppine di maiale al Marsala

Schweineschnitzel in Marsala

Schnitzel salzen und pfeffern, in Butter und Olivenöl anbraten, Knoblauch dazugeben und goldbraun werden lassen. Knoblauch aus dem Fett nehmen und zur Seite legen.
Schnitzel fertig braten, aus der Pfanne nehmen, Marsala an den Bratensatz geben, aufkochen lassen und mit Mehlbutter (50 g Butter, 50 g Mehl miteinander verknetet) verrühren.
Knoblauchscheiben wieder in die Sauce geben und das Fleisch anrichten.

EW	Fett	KH	kcal/J
32 g	26 g	3 g	374/1564

4 Schweineschnitzel,
Salz,
Pfeffer,
Butter,
Olivenöl,
4 Knoblauchzehen, in Scheiben geschnitten,
1/4 l Marsala,
50 g Butter,
50 g Mehl

Ossobuco alla milanese

Kalbshaxe Mailänder Art

*2 Knoblauchzehen,
2 Zwiebeln, 2 Möhren,
1/2 Staudensellerie,
500 g Tomaten,
8 Scheiben Kalbshaxe
(je ca. 200 g), Salz, Pfeffer,
Mehl zum Wenden,
5 EL Olivenöl, 30 g Butter,
1/8 l trockener Weißwein,
1/4 l Fleischbrühe,
2 Bd. Petersilie,
3 Zweige Thymian,
1/2 Bd. Basilikum,
1/2 unbehandelte Zitrone,
1/2 unbehandelte Orange,
2 Sardellenfilets*

Knoblauch, Zwiebeln und Möhren schälen, waschen und abtrocknen. Alles fein würfeln. Vom Sellerie mit einem kleinen Messer die harten Fasern (am Wurzelansatz beginnend) abziehen. Stangen kurz abspülen, fein würfeln. Tomaten häuten, entkernen und hacken.
Haxenscheiben feucht abwischen, salzen und pfeffern. Die Scheiben jeweils mit einem Faden umlegen, wie ein Paket verschnüren, damit sich die einzelnen Muskelstränge später nicht voneinander lösen. Im Mehl wenden, im heißen Öl rundherum braun braten.
In einem Schmortopf Butter erhitzen, Möhren, Zwiebeln, Sellerie und Hälfte des Knoblauchs darin unter Rühren etwa 10 - 15 Minuten goldgelb braten. Vom Herd nehmen, Haxenscheiben darauflegen.
Fett in der Pfanne abgießen, den Bratenfond mit Wein

und Brühe loskochen. Gehackte Tomaten unterrühren und alles über das Gemüse und das Fleisch gießen. Die Flüssigkeit sollte das Gericht bis zur Hälfte bedecken.
Kräuter waschen, trockenschwenken, bis auf ein Bund Petersilie fein hacken. Thymian, Basilikum und nicht zerkleinerte Petersilie in den Topf geben. Salzen und pfeffern. Zugedeckt im auf 180 Grad (Gas: Stufe 2) vorgeheizten Backofen 60 - 70 Minuten schmoren lassen.
Für die Gremolata (Würzmischung) Zitrone und Orange hauchdünn abschälen. Schale fein hacken, mit restlicher, ebenfalls fein gehackter Petersilie und übrigem Knoblauch vermischen. Sardellenfilets fein hacken, unter diese Mischung mengen.
Von den Haxenscheiben die Fäden entfernen. Haxen mit Gemüse (ohne die Petersilie) auf einer vorgewärmten Platte anrichten, mit der Gremolata bestreut sehr heiß servieren.

EW	Fett	KH	kcal/J
93 g	33 g	34 g	827/3460

TIP Als Beilage passen in Butter geschwenkte Spaghetti und geriebener Parmesankäse.

Saltimbocca alla romana

Kalbsschnitzel mit Salbei

8 kleine Kalbsschnitzel,
Salz,
Pfeffer,
8 frische Salbeiblätter,
8 rohe Schinkenscheiben,
Butter,
Öl,
1/8 l Weißwein

Schnitzel dünn klopfen, salzen, pfeffern, ein Salbeiblatt auf jeweils ein Fleischstück legen. Salbeiblätter mit Schinken bedecken und andrücken bzw. mit Holzspießchen feststecken.
Schnitzel mit der Schinkenseite nach unten in Butter und Öl anbraten, umdrehen, fertig braten und herausnehmen.
Bratensaft mit Weißwein ablöschen und einkochen lassen. Schnitzel mit der Sauce anrichten.

EW	Fett	KH	kcal/J
74 g	38 g	2 g	670/2802

Bistecca alla pizzaiola

Rumpsteak mit Tomatensauce

Pizzaiola (siehe S. 35),
4 Rumpsteaks,
Salz,
Pfeffer,
Olivenöl

Pizzaiola zubereiten wie auf S. 35 beschrieben. Rumpsteaks salzen und pfeffern, im heißen Olivenöl scharf anbraten und auf kleinerer Flamme fertig braten. Jedes Steak mit viel Sauce bedeckt servieren.

EW	Fett	KH	kcal/J
12 g	35 g	15 g	421/1761

Pollo al vino bianco

Huhn in Weißwein

2 frische Hühner,
Salz,
Olivenöl,
1/2 l Weißwein,
1 Rosmarinzweig,
1 kleine Dose geschälte Tomaten

Hühner waschen, mit einem scharfen Messer in jeweils vier Teile zerlegen, innen und außen salzen.
Olivenöl erhitzen und Geflügelteile darin anbraten. Gebratene Teile abtropfen lassen, in einem Topf mit Weißwein, Rosmarin und Tomaten eine knappe Stunde lang langsam auf dem Herd garen lassen.
Mit Weißbrot servieren.

EW	Fett	KH	kcal/J
125 g	54 g	8 g	1098/4596

Involtini di vitello

Gefüllte Kalbsrouladen

4 Kalbsschnitzel,
Salz,
Pfeffer,
200 g gekochter Schinken,
4 Scheiben Bel Paese,
1 Knoblauchzehe,
Butter,
Olivenöl,
1/4 l Weißwein,
1 Bd. Petersilie

Kalbsschnitzel salzen, pfeffern, mit je einer Scheibe Schinken und Bel Paese belegen, mit zerdrückter Knoblauchzehe bestreichen und zusammenrollen.
In heißer Butter und Olivenöl anbraten, nach 5 Minuten mit Weißwein ablöschen; weitere 10 Minuten dünsten. Gehackte Petersilie an die Weißweinsauce geben und mit den Kalbsrouladen servieren.

EW	Fett	KH	kcal/J
49 g	39 g	3 g	602/2517

Animelle arosta

Gegrilltes Kalbsbries

600 g Kalbsbries,
Salz,
Saft von 1 Zitrone,
2 EL gehackte Petersilie,
4 EL kaltgepreßtes Olivenöl,
weißer Pfeffer aus der Mühle,
60 g Butter,
1 Zitrone

Kalbsbries 45 Minuten in Wasser einlegen, dabei das Wasser häufig wechseln, Bries abtropfen lassen. Salzwasser aufkochen, Bries darin 4 - 5 Minuten ziehen, nicht kochen lassen. Abschrecken, Häute, Sehnen und Knorpelteile entfernen, Bries quer in etwa 2 cm dicke Scheiben schneiden, in eine Schüssel legen. Eine Marinade aus Zitronensaft, Petersilie, Öl zubereiten, die Briesscheiben darin etwa 60 Minuten ziehen lassen. Abtupfen, pfeffern, mit zerlassener Butter bestreichen. Auf dem Grillrost des vorgeheizten Elektrogrills oder über Holzkohle pro Seite 3 - 4 Minuten grillen. Restliche Butter schmelzen, das Kalbsbries damit übergießen, vor dem Servieren mit Zitrone garnieren.

EW	Fett	KH	kcal/J
27 g	33 g	3 g	414/1731

TIP Als Beilage schmeckt frischer Blattspinat, der blanchiert und anschließend in etwas Kräuterbutter gedünstet wird.

Poularde mit Tomatensauce

1 küchenfertige Poularde von 1,25 kg,
Salz, Pfeffer,
Paprikapulver,
35 g Butterschmalz,
500 g Eiertomaten,
1 Bd. Basilikum,
2 Zweige Estragon,
1 TL gehackter Thymian,
2 Zwiebeln,
Salz,
2 Knoblauchzehen,
3 EL kaltgepreßtes Olivenöl,
6 EL trockener Weißwein

Poularde in vier Teile zerlegen, abspülen, trockentupfen und mit den Gewürzen einreiben. Butterschmalz im Schmortopf erhitzen, Poulardenteile darin 10 Minuten anbraten, Tomaten mit kochendem Wasser überbrühen, häuten, vierteln, von den Stielansätzen befreien und grob würfeln; Kräuter hacken; Zwiebeln und Knoblauch schälen und fein würfeln. Poulardenteile aus dem Schmortopf nehmen, Fett abgießen. Öl im Schmortopf erhitzen, Zwiebeln und Knoblauch darin glasig braten und mit Wein ablöschen. Tomaten und Kräuter hinzufügen, salzen. Poulardenteile darauflegen und zugedeckt 20 Minuten schmoren lassen. Mit Baguette servieren.

EW	Fett	KH	kcal/J
67 g	38 g	7 g	650/2721

Pollo alla maniera di Marengo

Huhn „Marengo“

Hühnchen in jeweils vier Teile zerlegen, unter fließendem Wasser abspülen und trockentupfen.
Das Hühnchenfleisch mit Salz, Pfeffer, Muskatnuß würzen. Butter und Öl in einem Schmortopf erhitzen, das Fleisch hineingeben und knusprig braun anbraten. Teile herausnehmen, etwas Bratfett abgießen. Mehl in das restliche Fett einrühren und mit Wein und Brühe ablöschen. Hühnchenteile hineinlegen und zugedeckt bei schwacher Hitze in etwa 30 Minuten gar schmoren. Ein paar Minuten vor Ende der Garzeit Petersilie hinzufügen. Hühnchenteile anrichten, mit Schmorfond begießen, mit Zitronensaft beträufeln und sofort mit Kopfsalat und Baguette servieren.

EW	Fett	KH	kcal/J
3 g	41 g	5 g	738/3088

2 Hühnchen von je 800 g,
50 g Butter,
2 EL kaltgepreßtes Olivenöl,
Salz,
Pfeffer aus der Mühle,
geriebene Muskatnuß,
1 EL Mehl,
1/8 l trockener Weißwein,
1/8 l Fleischbrühe,
2 EL gehackte Petersilie,
Saft von 1 Zitrone

Petti di Pollo alla bolognese

Hühnerbrust mit Spargel und Schinken

4 Hühnerbrüste,
Salz, Pfeffer,
Butter,
Olivenöl,
4 Scheiben Parmaschinken,
Parmesan,
1 Bd. Petersilie,
1/8 l Hühnerbrühe,
16 grüne Spargelstangen

TIP Statt Huhn kann man für dieses Rezept auch Kalbfleisch nehmen.

Die etwas flachgeklopften Hühnerbrüste im Butter-Ölgemisch goldbraun braten, mit jeweils einer Scheibe Parmaschinken belegen, Parmesan und Petersilie darüberstreuen. Jede Brust nun mit Hühnerbrühe beträufeln und in der verschlossenen Pfanne etwa 5 Minuten schmoren lassen.
Die vorgekochten Spargelstangen auf die Länge der Hühnerbrüste verkürzen, die heißen Geflügelstückchen mit jeweils vier Spargelspitzen garniert servieren.

EW	Fett	KH	kcal/J
47 g	51 g	12 g	693/2901

Huhn mit Kräutersauce

1 große Poularde von etwa 1,5 kg,
1 Bd. Suppengrün,
1 Zwiebel,
1 kleines Lorbeerblatt,
2 Gewürznelken,
2 Bd. Petersilie,
8 schwarze Pfefferkörner,
1/8 l trockener Weißwein,
Salz,
2 Scheiben Toastbrot,
2 EL Weinessig,
2 Knoblauchzehen,
2 Anchovisfilets,
1/8 l kaltgepreßtes Olivenöl,
1 hartgekochtes Ei,
1 EL kleine Kapern,
frisch gemahlener weißer Pfeffer

Poularde unter fließendem Wasser abspülen und mit Haushaltspapier trockentupfen. Suppengrün putzen, grob zerteilen. Zwiebel schälen, mit Lorbeerblatt und Nelken spicken. Petersilie waschen, trockentupfen und ein paar Zweige zum Bündel zusammenfassen.
Alles mit den Pfefferkörnern in einen Topf geben, Wein hinzufügen und so viel kaltes Wasser aufgießen, daß die Poularde gut bedeckt ist. Salz hinzufügen, langsam zum Aufkochen bringen. Den Schaum abschöpfen, bei leicht geöffnetem Deckel etwa 2 Stunden bei sanfter Hitze köcheln lassen. Brotrinde entfernen, Brot kleinschneiden und mit Essig tränken. Knoblauch schälen, fein hacken, mit etwas Salz zu einem Brei zerdrücken. Anchovisfilets kalt abspülen, trockentupfen, wie die übrige Petersilie fein hacken. Alles miteinander vermischen, nach und nach Olivenöl einrühren, so daß eine cremige Sauce entsteht. Ei schälen, fein hacken, Kapern abtropfen lassen, beides unter die Sauce mischen. Diese mit Pfeffer, Salz und Essig würzen. Ist die Sauce zu dick, je nach Belieben

Kochbrühe hineinrühren.
Huhn aus der Brühe nehmen, häuten. Keulen und Bruststücke ablösen, auf einer vorgewärmten Platte anrichten.
Übriges Fleisch in möglichst großen Stücken ablösen, dazulegen. Alles mit einer kleinen Kelle durchgesiebter Kochbrühe übergießen.
Die Kräutersauce getrennt dazu reichen und mit Petersilienkartoffeln und beliebigem Gemüse servieren.

EW	Fett	KH	kcal/J
82 g	55 g	10 g	883/3695

TIP Die restliche Brühe können Sie durchsieben und für eine spätere Verwendung einfrieren.

Sole alla griglia

Seezunge vom Grill

4 ganze Seezungen,
Olivenöl,
Salz,
Pfeffer

Die Seezungen gut waschen und vom Schwanz zum Kopf hin die Haut gründlich abziehen. Die Fische filetieren und den Grill vorheizen.
Die Fische mit reichlich Olivenöl einstreichen, salzen und pfeffern und in wenigen Minuten von beiden Seiten auf dem Grill goldbraun braten.
Die Seezungen heiß servieren.

EW	Fett	KH	kcal/J
26 g	10 g	–	192/802

Cozze al forno

Miesmuscheln überbacken

1 1/2 kg Miesmuscheln,
Olivenöl,
Saft von 2 Zitronen,
1 Bd. gehackte Petersilie,
Essig,
Salz,
2 gepreßte Knoblauchzehen,
Paniermehl,
Pfeffer

Muscheln so lange waschen, bis sie sandfrei und sauber sind.
In einem möglichst großen Topf Olivenöl erhitzen, Muscheln so lange darin erwärmen, bis sie sich öffnen.
Miesmuscheln aus dem Topf nehmen, Flüssigkeit aus den Muscheln in den Topf zurückgießen, leere Muschelhälften wegwerfen, mit Muschelfleisch gefüllte Schalen auf ein eingeöltes Blech geben.
Der Muschelsud muß erst durch ein Leinentuch geseiht werden, dann gibt man Olivenöl, Zitronensaft und gehackte Petersilie dazu, außerdem einen Schuß Essig.
Das Gemisch auf dem Muschelfleisch verteilen, salzen. Knoblauch und Paniermehl auf den Muschelhälften verteilen, mit Pfeffer würzen und im Ofen bei Mittelhitze 15 Minuten überbacken, heiß servieren.

EW	Fett	KH	kcal/J
44 g	15 g	15 g	374/1563

Scampi alla napoletana

Scampi unter fließendem Wasser waschen, trockentupfen.
Knoblauchzehen schälen, 2 davon fein hacken. Butter und 3 EL Öl in einer großen Pfanne erhitzen, die ganzen Knoblauchzehen darin leicht anbraten, herausnehmen, beiseite stellen.
Gehackte Knoblauchzehen und Scampi in der Pfanne unter Rühren braten, bis die Scampi zu bräunen beginnen.
Salatblätter waschen, trockenschwenken und auf vier Tellern verteilen. Scampi auf den Blättern anrichten.
1 Zitrone auspressen, die zweite in Schnitze teilen.

20 große Scampi,
10 Knoblauchzehen,
45 g Butter,
5 EL kaltgepreßtes Olivenöl,
einige Salatblätter,
2 Zitronen,
1 Bd. Petersilie

TIP Die Scampi können Sie auch mit etwas Grappa flambieren und mit Zitronensaft und 1 Schuß Weißwein ablöschen.

Petersilie grob hacken. Restliches Öl, Zitronensaft und Petersilie in das Bratfett rühren, über die Scampi gießen. Mit Knoblauchzehen und Zitronenschnitzen garnieren. Dazu Weißbrot und kräftigen weißen Landwein servieren.

EW	Fett	KH	kcal/J
39 g	32 g	7 g	388/1624

Scampi alla griglia

Scampi vom Grill

16 Scampi,
30 g Butter,
3 EL Olivenöl,
Saft von 1 Zitrone,
2 gepreßte Knoblauchzehen,
5 gehackte Frühlingszwiebeln,
Salz,
Pfeffer,
Petersilie

Mit einem scharfen Messer Köpfe der Scampi entfernen, dann Scampischwänze der Länge nach bis fast zum Schwanzende spalten, so daß nur noch die Schwanzflossen die Teile zusammenhalten.
Butter in der Pfanne zerlassen, Olivenöl, Zitronensaft, Knoblauch, gehackte Zwiebeln, Salz und Pfeffer dazugeben.
Scampischwänze bei kleiner bis mittlerer Hitze in der Knoblauchmarinade braten. Mit Petersiliensträußchen garniert servieren.

EW	Fett	KH	kcal/J
38 g	56 g	20 g	742/3101

Merluzzo al forno

Kabeljau im Rohr gebraten

Olivenöl,
1 Zwiebel,
3 Tomaten,
1 unbehandelte Zitrone,
Petersilie,
Basilikum,
Salbei,
1 kg Kabeljau,
Salz,
Pfeffer

Öl in einer feuerfesten Form erhitzen, Zwiebelringe, Tomatenscheiben, Zitronenscheiben darin auslegen, mit den gehackten Kräutern bestreuen. Fisch salzen, pfeffern, im Stück auf das Gemüse setzen, mit Öl übergießen und im Ofen bei mittlerer Temperatur 30 Minuten schmoren. Während der Backzeit wenden, ein paarmal mit Wein übergießen.

EW	Fett	KH	kcal/J
199 g	14 g	5 g	941/3935

Fischfilet „Roma"

Aubergine waschen, abtrocknen. Vom Stielansatz befreien, längs in 6 Scheiben schneiden. Einen Teller mit etwas Salz bestreuen, die Scheiben darauflegen, die Oberseiten auch salzen. Gut 10 Minuten ziehen lassen, bis sich Wasser gebildet hat.
Zwiebel und Knoblauch schälen, fein würfeln. Paprikaschote längs vierteln, von Stielansatz und Kernen befreien, waschen, abtrocknen und quer in dünne Streifen schneiden. Zucchino waschen, vom Blüten- und Stielansatz befreien, in dünne Scheiben schneiden. Tomaten überbrühen, häuten, Stielansätze entfernen. Tomaten entkernen, grob würfeln.
3 EL Öl in einer Pfanne erhitzen. Auberginen abspülen, trockentupfen, im Fett auf beiden Seiten goldbraun braten. Herausnehmen und auf einer dicken Lage

1 kleine Aubergine,
Salz, 1 Zwiebel,
2 Knoblauchzehen,
1 kleine rote Paprikaschote,
1 kleine Zucchino,
3 Tomaten,
8 EL kaltgepreßtes Olivenöl,
5 Zweige Basilikum,
5 Zweige Petersilie,
5 Zweige frischer Thymian,
500 g Merlanfilet,
2 EL Zitronensaft,
weißer Pfeffer,
1 Prise Rosmarinpulver,
8 EL trockener Weißwein

Haushaltspapier abfetten lassen. Kräuter abspülen, trockentupfen und fein hacken.
3 EL Öl in der Pfanne erhitzen, Zwiebel darin glasig braten. Mit dem Knoblauch beginnend, übriges Gemüse nach und nach in die Pfanne geben und jeweils unter Wenden 2 Minuten mehr dünsten als braten. Zum Schluß Tomaten dazugeben. Alles mit den Kräutern vermischen und schwach salzen.
Fischfilets abspülen, trockentupfen, mit Zitronensaft beträufeln, salzen und pfeffern. Auberginenscheiben in eine feuerfeste Form legen, darauf Fischfilets geben und mit Gemüse bedecken. Mit Rosmarin bestreuen, mit Wein und restlichem Öl beträufeln.
Zugedeckt in dem auf 220 Grad (Gas: Stufe 4) vorgeheizten Ofen 40 Minuten garen.
Auf vorgewärmten Tellern anrichten.

TIP Als Beilage schmecken Kartoffeln oder frisches Baguette.

EW	Fett	KH	kcal/J
25 g	35 g	7 g	464/1943

Frutti di mare in pastella

Meeresfrüchte im Teigmantel

24 Garnelen,
8 Scampi,
400 g Schollenfilet,
400 g kleine Sardinen,
1 Bd. Dill,
1 Bd. Petersilie,
scharfer Senf,
200 g Muschelfleisch,
200 g Tintenfisch,
Saft von 1 Zitrone,
2 Knoblauchzehen,
150 g Mehl,
1 TL Backpulver,
Salz, 1 Ei,
1/4 l Milch,
Olivenöl,
1 - 2 kg 100 % ungehärtetes Pflanzenfett

Garnelen und Scampi schälen, die Schollenfilets in schmale Streifen schneiden, die Köpfe von den Sardinen entfernen, alles mit den fein gehackten Kräutern und dem Senf bestreichen. Meeresfrüchte säubern und salzen, Muschelfleisch und die Tintenfischringe mit Zitronensaft beträufeln, mit Knoblauchmus würzen.
Mehl, Backpulver, etwas Salz, das Ei, Milch und etwas Olivenöl zu einem Rührteig verarbeiten. Das ungehärtete Fett in einen großen Topf oder in eine Friteuse füllen und erhitzen.
Die einzelnen Meeresfrüchte durch den Rührteig ziehen und nicht zu viele auf einmal im siedenden Öl fritieren. Heiß mit Knoblauchmayonnaise servieren.

EW	Fett	KH	kcal/J
87 g	43 g	32 g	866/3623

Nasello al forno

Gebackener Schellfisch

Den Schellfisch ausnehmen, an der Bauchseite aufschneiden, unter fließendem Wasser abspülen, trockentupfen. Die Rückengräte entfernen und mit der Hautseite nach oben auf die Arbeitsfläche legen. Salzen, mit Öl bestreichen und in 3 EL Paniermehl wenden. Mit der Hautseite nach unten in eine flache feuerfeste Form legen. Restliches Öl erwärmen. Sardellenfilets abspülen, trockentupfen und im Öl lösen. Mischung auf der Fischinnenseite verstreichen, mit dem restlichen Paniermehl und Rosmarinnadeln bestreuen und den Fisch im auf 200 Grad vorgeheizten Ofen in etwa 45 Minuten garen.
Mit Zitronensaft beträufeln.

EW	Fett	KH	kcal/J
45 g	16 g	11 g	376/1573

900 g küchenfertiger Schellfisch (Schwanzstück),
Salz,
weißer Pfeffer,
4 EL kaltgepreßtes Olivenöl,
6 EL Paniermehl,
6 Sardellenfilets,
1 Zweig Rosmarin,
Saft von 1/2 Zitrone

Merluzzo alla pizzaiola

Dorsch mit pikanter Tomatensauce

400 g geschälte Tomaten (Dose),
3 - 4 g Zwiebeln,
3 Knoblauchzehen,
4 EL kaltgepreßtes Olivenöl,
2 EL gehackte Petersilie,
750 g Dorsch am Stück,
4 EL Zitronensaft,
Salz,
Pfeffer aus der Mühle,
40 g Butter,
8 EL trockener Weißwein,
2 EL Kapern,
ein paar Basilikumblätter

Tomaten (ohne Saft) durch ein Sieb streichen. Zwiebeln und Knoblauch schälen, würfeln, in einem Fischbräter im Öl andünsten. Tomaten und Petersilie hinzufügen und zu einem Püree einkochen.
Dorsch innen und außen kalt waschen, mit Zitronensaft einreiben, salzen und pfeffern. Das Püree salzen und pfeffern, mit 20 g Butterflöckchen belegen, mit Wein beträufeln. Im geschlossenen Topf 15 - 20 Minuten dünsten, herausnehmen, häuten und die Filets ablösen. Restliche Butter unter das Püree schlagen, dieses mit Kapern und Basilikum vermischen; Dorschfilets darauf anrichten.

EW	Fett	KH	kcal/J
35 g	24 g	10 g	422/1765

Anguilla gratinata

Meeraal überbacken

1 großer Meeraal,
200 g Miesmuscheln,
1/4 l Weißwein,
500 g Tomaten,
1 Zwiebel,
Olivenöl,
Salz,
Pfeffer,
1 Bd. Petersilie

Den Meeraal ausnehmen, gründlich waschen und in große Stücke schneiden. Die Miesmuscheln in einem Topf mit einem Schuß Weißwein und etwas Wasser so lange dünsten, bis sich die Muscheln öffnen.
Inzwischen die Tomaten mit heißem Wasser überbrühen und schälen, in kleine Würfel schneiden.
Die offenen Muscheln aus dem Topf nehmen, die Schalen entfernen, die Zwiebeln fein hacken.
In einer feuerfesten Form etwas Olivenöl erhitzen, die Miesmuscheln, Aalstücke, Tomaten und Zwiebelwürfel hineingeben, mit dem Wein ablöschen, salzen und pfeffern. Mit Deckel im vorgeheizten Ofen bei mittlerer Temperatur ungefähr 40 Minuten garen lassen.
Kurz vor dem Servieren mit der frisch gehackten Petersilie bestreuen.

EW	Fett	KH	kcal/J
60 g	23 g	8 g	448/1872

Triglie alla livornese

Rotbrassen Livorneser Art

Knoblauchzehen mit der Selleriestange zerdrücken. Die Petersilie fein hacken. Die Hälfte der Petersilie, den zerdrückten Knoblauch und den Sellerie in einen Schmortopf geben und mit ca. 50 g Öl bei niedriger Temperatur leicht anrösten. Die Tomaten schälen, zerkleinern und hinzufügen. Salzen, pfeffern und ca. 15 Minuten kochen lassen, dann die Sauce passieren. Den Fisch gut säubern, kurz waschen, abtrocknen und in viel Öl anbraten. Eine feuerfeste Form mit etwas Öl des angebratenen Fisches einfetten, den gebratenen Fisch hineingeben, mit der Sauce bedecken und im Ofen bei 250 Grad ca. 5 Minuten aufwärmen.
Mit der Petersilie garnieren und servieren.

*3 Knoblauchzehen,
1 Selleriestange,
2 Bd. Petersilie,
Olivenöl,
500 g Tomaten,
Salz,
Pfeffer,
8 kleine oder 4 große Rotbrassen*

EW	Fett	KH	kcal/J
168 g	63 g	5 g	1258/5261

Trota con funghi

Forellen auf Champignons

Die Forellen ausnehmen, gründlich waschen, mit Zitronensaft beträufeln, salzen und pfeffern und kurz in Mehl wenden.
Das Olivenöl in einer großen Pfanne erhitzen, die Forellen auf beiden Seiten ganz kurz anbraten, aus der Pfanne nehmen und zur Seite stellen.
Die geputzten Champignons in eine feuerfeste, ausgebutterte Form geben, die vorgebratenen Forellen darauflegen und mit Paniermehl bestreuen.
Einen Schuß Weißwein darübergießen, mit Butterflöckchen besetzen und rund 15 Minuten im vorgeheizten Ofen bei mittlerer Temperatur backen.
Mit frisch gehackter Petersilie bestreut heiß servieren.

*4 frische Forellen,
2 Zitronen,
Salz,
Pfeffer,
Mehl,
Olivenöl,
250 g Champignons,
Butter,
Paniermehl,
Weißwein,
1 Bd. Petersilie*

EW	Fett	KH	kcal/J
100 g	28 g	8 g	690/2885

Frascati
Superiore

Tonno in tegame (Abb. S. 58)

Geschmorter Thunfisch

Thunfischscheiben mit kaltem Wasser spülen, trockentupfen, mit Salz und Pfeffer würzen. Knoblauchzehen schälen, fein würfeln; Petersilie abspülen, trockentupfen und fein hacken. Öl und Butter in einer Pfanne erhitzen, den Knoblauch und die gehackte Petersilie anbraten, herausnehmen, anschließend den Thunfisch auf beiden Seiten leicht bräunen. Tomatenmark mit Wein verrühren, um den Fisch herumgießen. Fisch zugedeckt etwa 10 Minuten schmoren lassen, herausnehmen und mit Folie bedeckt warm stellen. Gefrorene Erbsen in den Schmorfond rühren, aufkochen und in 6 Minuten garen, sodaß sie noch bißfest sind.
Erbsen auf eine vorgewärmte Platte füllen, Fisch darauf anrichten, mit Pfeffer übermahlen.

EW	Fett	KH	kcal/J
49,9 g	43,3 g	15 g	669/2798

4 Scheiben Thunfisch (je etwa 180 g), Salz, weißer Pfeffer aus der Mühle, 3 Knoblauchzehen, 1 Bd. Petersilie, 2 EL kaltgepreßtes Olivenöl, 25 g Butter, 2 EL Tomatenmark, 1/8 l trockener Weißwein, 450 g Erbsen (tiefgekühlt)

TIP Beim Einkauf von Thunfisch darauf achten, das fettreiche Fleisch aus dem mittleren Bauchbereich zu bekommen. Es ist besonders schmackhaft. Magere Teile müssen stärker gewürzt und mit mehr Fett gegart werden.

Pesce con basilico

Fischtopf mit Basilikum

Öl in einer Pfanne erhitzen, Zwiebelringe und Knoblauchscheiben darin andünsten, mit etwas Brühe ablöschen und weiter garen lassen. Nach einer Viertelstunde die Zwiebeln und den Knoblauch mit dem Paprika bestäuben, dann die geschälten Tomaten dazugeben, mit Cayennepfeffer, Salz und Zucker würzen. Die Basilikumblätter abzupfen und zu den leicht kochenden Tomaten geben.
Die Fischkoteletts salzen, auf das Gemüse legen und mit der restlichen Brühe übergießen. Bei mittlerer Temperatur im vorgeheizten Backrohr 30 Minuten lang backen.

EW	Fett	KH	kcal/J
116 g	41 g	91 g	1194/4995

Olivenöl, 200 g Zwiebeln, 6 Knoblauchzehen, 1 l Hühnerbrühe, Paprika, edelsüß, 500 g Tomaten, Cayennepfeffer, Salz, Zucker, 3 Bd. Basilikum, 4 Kabeljaukoteletts

Lasagne mit Fisch

350 g beliebiges Fischfilet,
1 1/2 EL Zitronensaft,
1/4 l Weißwein,
1 kleine geschälte Zwiebel,
1 Lorbeerblatt,
3 Gewürznelken,
1 Bd. Petersilie,
Salz,
7 Pfefferkörner,
175 g weiße Lasagneblätter,
145 g geschälte Shrimps,
2 kleine Dosen Muscheln (naturell eingelegt),
150 g Mozzarella,
40 g Butter,

Fischfilet abspülen, trockentupfen, mit Zitronensaft beträufelt 10 Minuten ziehen lassen. Wein, Lorbeerblatt und mit der mit Nelken gespickten Zwiebel, Petersilie, 1/2 TL Salz und Pfefferkörnern aufkochen. Fischfilet darin 10 Minuten pochieren, abtropfen lassen und in die natürlichen Segmente teilen.
Lasagneblätter (je nach Packungsaufschrift) in reichlich Salzwasser „al dente" kochen, abgießen, kalt abschrecken; zum Abtropfen nebeneinander auf einen Kuchendraht legen.
Shrimps kalt abspülen, abtropfen lassen. Mozzarella klein würfeln.
Eine feuerfeste Form einfetten und eine dünne Schicht Béchamelsauce hineingeben. Lagenweise Lasagneblätter, Fisch, Shrimps, Muscheln und Béchamel

einschichten, wobei die Sauce immer mit einigen Mozzarellawürfeln bestreut wird.
Den Abschluß bildet eine Lage Lasagneblätter, die mit der restlichen Sauce bestrichen wird. Restliche Butter schmelzen, über die Lasagne träufeln.
Form im vorgeheizten Ofen bei 200 Grad (Gas: Stufe 3) 30 Minuten überbacken.

2 Tassen Béchamelsauce,
50 g geriebener Parmesan

EW	Fett	KH	kcal/J
43 g	32 g	29 g	675/2824

TIP Dazu schmeckt grüner Salat in einer leichten Sauerrahm-Kräuter-Marinade.

Acciughe alla siciliana

Sardellen sizilianische Art

Die Sardellen ausnehmen, gründlich waschen, Köpfe und Schwänze abschneiden, innen und außen salzen und pfeffern.
Für die Tomatensauce die Zwiebel und die Knoblauchzehen fein würfeln.
In der Pfanne Olivenöl erhitzen und die Würfel darin anbraten, die geschälten Tomaten dazugeben und langsam einkochen lassen. Zum Schluß das fein gehackte Basilikum dazugeben und vom Feuer nehmen.
Eine feuerfeste Form einfetten und mit einer Schicht frischer Sardellen auslegen, diese mit Sauce bedecken, etwas Ricotta fein zerbröckeln, mit Kapern und eingelegten Sardellen auf die Sauce streuen.
Den Rest der frischen Sardellen daraufschichten, mit Tomatensauce bedecken, Ricotta daraufstreuen und mit den restlichen eingelegten Sardellen belegen.
Die Fische im vorgeheizten Ofen bei mittlerer Temperatur ungefähr 20 Minuten backen.
Mit Butterkartoffeln servieren.

800 g frische Sardellen,
Salz,
Pfeffer,
1 Zwiebel,
2 Knoblauchzehen,
Olivenöl,
1 kleine Dose geschälte Tomaten,
1 Bd. Basilikum,
100 g Ricotta,
1 EL Kapern,
8 eingelegte Sardellen (Anchovis)

EW	Fett	KH	kcal/J
53 g	21 g	4 g	424/1773

Bohnen auf italienische Art

750 g zarte Brechbohnen (möglichst lange, dünne),
1 Zwiebel,
1 Knoblauchzehe,
2 Stengel Bohnenkraut,
10 Pfefferkörner,
50 g frisch geriebener Parmesan,
50 g Butter

TIP Als Beilage zu allem kurzgebratenen Fleisch, zu dunklen Braten (z. B. Rinderfilet, Rinderschmorbraten, Sauerbraten, Wildschweinrücken, Reh- oder Hasenrücken), zu dunklem Geflügel wie Gänsebrust oder Ente schmecken diese Bohnen ganz besonders gut.

Bohnen waschen und putzen, Zwiebel und Knoblauch schälen, halbieren.
Bohnenkraut waschen.
Zwiebel, Knoblauch und Bohnenkraut mit Pfefferkörnern in reichlich gut gesalzenes Wasser geben. Rasch aufkochen lassen, die Bohnen hineinlegen und nach dem Aufkochen bei milder Hitze ca. 20 Minuten garen.
Bohnen mit einem Schaumlöffel herausnehmen, unter kaltem Wasser abschrecken und gut abtropfen lassen.
Im ausgeleerten Topf kurz trockendämpfen, auf einer tiefen, vorgewärmten Platte wie Spargel anrichten und mit Parmesan bestreuen.
Butter leicht bräunen und vor dem Servieren über die Bohnen gießen.

EW	Fett	KH	kcal/J
10 g	14 g	13 g	216/904

Prinzeßbohnen im Speckmantel

600 g Prinzeßbohnen,
6 Pfefferkörner,
2 Schalotten oder
1 kleine Zwiebel,
1 Bd. glatte Petersilie,
40 g Butter,
8 breite Scheiben durchwachsener Speck (mild geräuchert)

TIP Prinzeßbohnen passen hervorragend zu allen Lamm- oder Hammelbraten, zu kurzgebratenem Fleisch wie Rindersteaks, Rinderkoteletts, Schweinefilet oder Lammkoteletts.

Bohnen waschen, putzen und wenn nötig fädeln, nicht brechen. Pfefferkörner rasch aufkochen lassen, die Bohnen zugeben und bei milder Hitze in 15 bis 20 Minuten garen. Kalt abschrecken und gut abtropfen lassen. Kochsud durchsieben und aufheben.
Schalotten oder Zwiebel schälen und sehr fein hacken. Petersilie waschen, hacken. Beides darin schwenken. Speckscheiben in einer großen Pfanne ganz leicht auslassen, herausnehmen und abtropfen lassen. Auf einer Arbeitsfläche ausbreiten und je ein Achtel der Bohnen darin einwickeln. Die Päckchen in einen großen Topf mit knapp den Boden bedeckenden kochendem Bohnensud legen und kurz erhitzen.

EW	Fett	KH	kcal/J
10 g	48 g	11 g	508/2125

Bohnenpüree

500 g zarte grüne Bohnen,
100 g Crème fraîche,
15 g Butter,
Salz,
Pfeffer aus der Mühle,
1 Prise getrocknetes, fein zerriebenes Bohnenkraut,
je 1/2 Bd. Petersilie und Kerbel

Bohnen waschen und putzen, darauf achten, daß sie keine Fäden mehr haben. Anschließend ein paarmal durchdrehen.
Salzwasser etwa zweifingerhoch in einen Topf gießen. Rasch sprudelnd aufkochen, die Bohnen hineingeben, nach dem Aufkochen bei milder Hitze in 20 Minuten garen, gut abtropfen und etwas abkühlen lassen. Durch ein Sieb streichen oder im Mixer pürieren und anschließend durch ein Sieb passieren.
Mit Crème fraîche und Butter verrühren und unter ständigem Rühren erhitzen, aber nicht aufkochen lassen. Mit Salz, Peffer und Bohnenkraut abschmecken. Petersilie und Kerbel waschen, trockenschwenken und hacken.
Das Püree mit zwei großen Löffeln wie Nockerln (längliche Klöße) abstechen und auf einer vorgewärmten Platte anrichten. Mit den Kräutern bestreut servieren.

TIP Reichen Sie Bohnenpüree als Beilage zu feinen Braten wie Kalbsbraten, Roastbeef, Putenbrust oder zu Wildgeflügel (Wildente, Taube).

EW	Fett	KH	kcal/J
3 g	5 g	7 g	90/375

Finocchio con zucchini

Fenchel-Zucchinigemüse

2 Fenchelknollen,
3 Zucchini,
2 Stangen Lauch,
2 Knoblauchzehen,
Olivenöl,
1/4 l Weißwein,
Salz,
Peffer,
1/4 l süße Sahne,
1 EL gehackter Oregano,
2 EL gehackte Petersilie

Fenchel in Streifen, Zucchini und Lauch in Scheiben schneiden, Knoblauch grob hacken.
Olivenöl erhitzen und Fenchelstreifen anbraten, dann Knoblauch, Lauch und Zucchini dazugeben und mit Wein ablöschen. Salzen und pfeffern.
Nach 5 Minuten Garzeit Hitze höherstellen, Sahne zugießen und bei starker Hitze einkochen lassen. Wenn die Sauce sämig ist, Oregano und Petersilie untermengen und servieren.

EW	Fett	KH	kcal/J
4 g	28 g	13 g	319/1333

Polenta

Grundrezept

50 g Butter,
2 TL Salz,
225 g Maisgrieß,
Pfeffer

In 3/4 l kochendem Wasser Butter schmelzen und Salz dazugeben.
Langsam, unter ständigem Rühren, Maisgrieß hineinstreuen und so lange auf dem Herd rühren, bis die Polentamasse eindickt (mindestens 30 Minuten).
Die lockere Polenta, die kürzer auf der Flamme gerührt wurde, begleitet kleinere gebratene Geflügel oder Gemüsesorten.
Die festere Polenta wird zu einem Kuchen geformt, in Scheiben geschnitten und je nach Wunsch gebraten, gegrillt oder überbacken.

EW	Fett	KH	kcal/J
5 g	11 g	44 g	295/1234

Risotto alla milanese

Reis auf Mailänder Art

2 Zwiebeln,
Butter,
350 g Rundkornreis,
1/8 l Weißwein,
1 l Hühnerbrühe,
1 g Safran,
50 g Rindermark,
Parmesan,
Salz,
Pfeffer

Zwiebeln hacken, in einem großen Topf mit reichlich Butter glasig dünsten. Reis dazugeben und so lange umrühren, bis der Reis durchsichtig ist.
Mit Weißwein ablöschen, weiter rühren und einkochen lassen.
Sobald der Reis den Wein aufgesogen hat, mit Hühnerbrühe auffüllen, bei mittlerer Hitze ohne Deckel weiter garen lassen.
Safran mit etwas Wein verflüssigen und mit dem Mark zum Reis geben. Nach 20 Minuten ist das Risotto fertig, mit etwas Butter und Parmesan mischen, salzen und pfeffern und mit zusätzlichem Parmesan servieren.

EW	Fett	KH	kcal/J
42 g	36 g	105 g	922/3855

Ratatouille Napoli

(für 3 Personen)

1 rote Paprikaschote,
1 grüne Paprikaschote,
4 Tomaten,
1 Aubergine,
3 Zucchini,
1 Zwiebel,
2 EL Sonnenblumenöl,
1 Beutel Fertigmischung für Spaghetti Napoli

Paprika, Tomaten, Aubergine und Zucchini waschen und in Scheiben schneiden. Zwiebel schälen, würfeln. Öl erhitzen, Zwiebel darin glasig braten; Gemüse hinzufügen und kurz anbraten. 1/8 l Wasser zugießen und zugedeckt 15 Minuten dünsten. Fertigmischung einrühren und 1 Minute kochen lassen.

EW	Fett	KH	kcal/J
9 g	11 g	25 g	235/975

Kartoffelgnocchi mit Salbei

Heiße, frisch gekochte Kartoffeln schälen und fein zerstampfen. Kartoffelbrei mit Mehl, Ei, Salz und Pfeffer verrühren. Fingerdicke Teigwürstchen rollen, in 3 Zentimeter lange Stücke teilen und etwas biegen. Gnocchi in leicht kochendem Wasser mit etwas Salz knapp 5 Minuten ziehen lassen. Wenn die Kartoffelgnocchi an die Wasseroberfläche steigen, sind sie fertig.
Inzwischen Butter zerlassen, frische Salbeiblätter hineinlegen und leicht salzen. Sobald die Butter einen leicht bräunlichen Schimmer bekommt, vom Herd nehmen und die Gnocchi damit übergießen.
Heiß servieren. Parmesan dazu reichen.

EW	Fett	KH	kcal/J
11 g	8 g	46 g	307/1284

500 g frisch gekochte Kartoffeln,
170 g Mehl,
1 Ei,
Salz,
Pfeffer,
Butter,
frische Salbeiblätter,
geriebener Parmesan

Pomodori casalinghi

Tomatengratin

Tomaten waschen, mit heißem Wasser überbrühen, häuten und entkernen. Champignons putzen und in Scheiben schneiden, Zwiebeln würfeln und frische Kräuter fein wiegen. Zwiebelwürfel und Pilzscheiben im heißen Olivenöl anbraten, mit gepreßtem Knoblauch bestreuen und Tomaten dazugeben. Gemüse nur kurz anschwenken, dann in eine feuerfeste Form umfüllen. Gehackte Kräuter mit Eiern und Sahne verquirlen, salzen und pfeffern und vorsichtig über die Gemüsemasse ziehen. Mit Parmesan dick bestreuen, etwas Paniermehl über den Käse geben, mit Butterflöckchen belegen und im Ofen bei Mittelhitze 30 Minuten goldbraun überbacken.

EW	Fett	KH	kcal/J
16 g	27 g	19 g	393/1644

1 kg Tomaten,
200 g frische Champignons,
2 Zwiebeln,
1 Bd. Petersilie,
1 Bd. Thymian,
Olivenöl,
2 gepreßte Knoblauchzehen,
4 Eier,
1 kleiner Becher süße Sahne,
Salz,
Pfeffer,
Parmesan,
Paniermehl,
Butterflöckchen

Melanzane al forno

Überbackene Auberginen

2 Auberginen,
Salz,
2 Eier,
Olivenöl,
Parmesan,
1 kleine Dose
geschälte Tomaten

Auberginen der Länge nach in Scheiben schneiden, mit Salz bestreuen.
Die Eier verrühren, Auberginen darin wenden.
Im heißen Olivenöl die Scheiben von beiden Seiten braten, herausnehmen und abtropfen lassen.
Die Auberginenscheiben in einer feuerfesten Form mit Parmesan bestreuen.
Geschälte Tomaten im Mixer pürieren und neben den Auberginen in der feuerfesten Form im Ofen 20 Minuten backen.
Statt der Auberginen können auch Zucchini verwendet werden.

EW	Fett	KH	kcal/J
9 g	13 g	7 g	180/752

Grießgnocchi

600 ml Milch,
80 g Butter,
125 g Hartweizengrieß,
1 Eigelb,
80 g Parmesan

Milch mit 40 g Butter, etwas Salz und Muskatnuß erhitzen.
Grieß mit dem Schneebesen unter die heiße Milch rühren, die Masse auf ganz kleiner Flamme unter ständigem Rühren eindicken lassen.
Wenn der Teig nicht zu fest ist, vom Feuer nehmen, 40 g Parmesan darunter arbeiten.
Mit zwei Eßlöffeln Nockerln ausstechen und auf ein gebuttertes Blech setzen. Mit Parmesan bestreut im Ofen kurz gratinieren.
Zum Servieren mit brauner Butter beträufeln oder Tomatensauce dazu reichen.

EW	Fett	KH	kcal/J
13 g	22 g	23 g	369/1542

Carciofi

Artischocken

Die Artischocken waschen, den Stiel der Artischocken abbrechen. Die äußeren Blätter entfernen und die Spitze der Blüte um ein paar Zentimenter mit der Schere kürzen.
Wasser in einem großen Topf zum Kochen bringen. Die Artischocken mit den kleingeschnittenen Zitronen in das kochende Wasser legen und mit einem kleineren Deckel unter Wasser drücken.
Während der Kochzeit (je nach Größe der Blüten 30 - 45 Minuten) wird die Sauce für die Artischocken zubereitet: Salz, Pfeffer, gepreßter Knoblauch, Olivenöl und Essig zu einer Sauce verrühren und mit den heißen Artischocken servieren.

EW	Fett	KH	kcal/J
3 g	8 g	17 g	151/633

4 Artischocken,
2 Zitronen,
Salz,
Pfeffer,
2 Knoblauchzehen,
Olivenöl,
Essig

Indivia brasata

Gedünsteter Chicorée mit Kapern

Chicorée von den Außenblättern befreien, mit einem scharfen Messer den Strunk herausschneiden und die Köpfe der Länge nach halbieren.
In einem Topf Butter schmelzen lassen und den Weißwein darin erhitzen. Die Chicoréehälften vorsichtig mit den Schnittflächen nach unten in den Wein legen und in 2 Minuten gar dünsten.
Da der Chicorée leicht anbrennt, den geschlossenen Topf mindestens einmal kontrollieren.
Den weichen Chicorée nun herausheben und warm stellen, den Weinfond mit der Sahne ablöschen, die Kapern dazugeben und mit Salz, Pfeffer und Zitronensaft abschmecken. Eindicken lassen und mit dem Chicorée servieren.

EW	Fett	KH	kcal/J
3 g	26 g	5 g	270/1128

4 große Chicorée,
Butter,
1/4 l Weißwein,
1/4 l Sahne,
1 kleines Glas Kapern,
Salz,
Pfeffer,
Zitronensaft

Italienische Gemüsetorte

500 g Mehl,
Salz,
6 - 7 EL kaltgepreßtes Olivenöl,
750 g Blattspinat,
2 Zwiebeln,
3 Knoblauchzehen,
90 g Butter,
Pfeffer,
200 g Champignons,
250 g Speisequark (20 %),
50 g Crème fraîche,
50 g geriebener Parmesan,
geriebene Muskatnuß,
Mehl zum Ausrollen,
6 Eier

Das Mehl mit 1 TL Salz vermengen, in die Mitte eine Mulde drücken und das Öl hineingießen.
Alles gründlich vermischen und dabei nach und nach gut 1/8 l Wasser hinzufügen.
Mit der Hand zu einem glatten Teig kneten und wenn nötig, noch weiteres Wasser dazugeben.
Den Teig zugedeckt an einem warmen Ort etwa 40 Minuten ruhen lassen.
Inzwischen den Blattspinat verlesen, mit kaltem Wasser abspülen und in Salzwasser kurz blanchieren; kalt abschrecken, abtropfen lassen, dabei kräftig ausdrücken und dann grob zerhacken.
Die Zwiebeln und den Knoblauch schälen und fein hacken. In 40 g Butter glasig braten.
Champignons putzen, wenn nötig, waschen, hacken und zu den Zwiebeln geben. 5 Minuten dünsten.

Spinat dazugeben und alles noch etwas weitergaren, bis die Flüssigkeit verdampft ist.
Sobald der Spinat etwas abgekühlt ist, den Quark, Crème fraîche und Parmesan untermengen; mit Salz, Pfeffer und Muskatnuß würzen.
Teig in zehn Teile schneiden und jedes auf bemehlter Arbeitsfläche im Durchmesser von etwa 24 cm ausrollen.
Restliche Butter schmelzen.
Eine Springform einfetten, fünf Böden übereinander hineinlegen. Dabei jeden Boden mit zerlasssener Butter bestreichen.
Spinatmasse auf den fünften Boden streichen, mit einem Eßlöffel sechs Mulden hineindrücken, jeweils ein aufgeschlagenes Ei hineingeben.
Mit den, ebenfalls mit Butter bestrichenen, restlichen Böden bedecken.
Torte im auf 220 Grad (Gas Stufe 4) vorgeheizten Ofen 50 bis 55 Minuten backen und heiß oder nur ein wenig abgekühlt servieren.

EW	Fett	KH	kcal/J
40 g	105 g	94 g	1481/6197

TIP Dazu schmeckt gut gekühlter Rosé oder auch fruchtiger Weißwein.

Zucchini a scapece

Marinierte Zucchini

600 g kleine Zucchini,
8 EL Olivenöl,
Salz,
2 EL Essig,
1 Bd. gehackte Petersilie,
3 gehackte Knoblauchzehen

Zucchini waschen, abtrocknen und in Scheiben schneiden. 4 Eßlöffel Öl erhitzen, die Zucchinistreifen darin goldbraun backen. Aus dem Öl nehmen, salzen und abkühlen lassen.
In einem Steingutgefäß Zucchinistreifen schichtweise auslegen, dabei jede Schicht mit Petersilie, Knoblauch, restlichem Olivenöl und Essig bestreichen. Das Gemüse ein bis zwei Tage im Kühlschrank ziehen lassen, dann kalt servieren.

EW	Fett	KH	kcal/J
2 g	20 g	8 g	211/881

Tirami su

1 Päckchen Löffelbiskuits,
1 große Tasse starker Espresso,
500 g Mascarpone,
3 EL Eierlikör,
3 Eier,
1 Eidotter,
4 EL Zucker,
Schokoladenpulver

TIP Statt Eierlikör kann man auch Amaretto nehmen.

Löffelbiskuits kurz in kalten, ungesüßten Espresso tauchen, auf dem Boden einer flachen Form auslegen. Mascarpone, Eierlikör, Eidotter und Zucker miteinander verrühren. Eiweiß zu steifem Schnee schlagen und vorsichtig unter die Masse heben.
Die Form schichtweise mit Creme und restlichen Löffelbiskuits füllen. Mit Creme abschließen.
Die Nachspeise fünf Stunden kalt stellen.
Kurz vor dem Servieren das Tirami su mit Schokoladenpulver bestreuen.

EW	Fett	KH	kcal/J
27 g	50 g	81 g	611/2555

Creme caramel

Etwas Butter,
50 g Zucker,
2 Eier,
1 Vanillestange,
1/4 l Milch

Vier feuerfeste Förmchen ausbuttern. 20 g Zucker in einem kleinen Topf schmelzen lassen und damit die Förmchen ausgießen.
Inzwischen Eier, Mark aus der Vanillestange und restlichen Zucker mit dem Schneebesen schaumig schlagen. Milch langsam dazurühren, und die Karamelförmchen mit der Masse füllen.
In einer großen Pfanne Wasser erhitzen, die Förmchen in das Wasserbad stellen und im Ofen pochieren.
Gestürzt wird die Karamelcreme erst, wenn sie erkaltet ist.
Zusammen mit dem aus den Förmchen gelösten Karamel servieren.

EW	Fett	KH	kcal/J
5 g	7 g	16 g	151/631

Zabaione nach Art von Palermo

Datteln schälen, aufschneiden und entsteinen. Marzipan mit Sahne verrühren und mit Pistazien verkneten. Zu dattelgroßen Rollen formen und jede Dattel mit einer davon füllen. Feigen waschen, abtrocknen, in Viertel schneiden. Auf vier Tellern jeweils 3 Datteln und 1 Feige anrichten.
Für die Zabaione unmittelbar vor dem Servieren Eigelb und Puderzucker in einer Metallschüssel verrühren, bis der Zucker sich ganz aufgelöst hat. Masse in einem mäßig warmen Wasserbad cremig schlagen, tropfenweise Marsala zufügen und so lange schlagen, bis eine dickschaumige Sauce entsteht. Zabaione über die Früchte gießen, rasch servieren.

EW	Fett	KH	kcal/J
7 g	21 g	71 g	531/2223

12 frische Datteln,
100 g Marzipan-Rohmasse,
75 ml süße Sahne,
2 EL gehackte Pistazien,
4 große reife Feigen,
3 Eigelb,
100 g Puderzucker,
1/8 l Marsalawein

TIP Statt Marsala eignen sich Sherry, Portwein, Malaga oder Madeira.

Zabaione

5 Eigelb, 3 EL Zucker,
1/4 l Marsala oder nicht zu herber Weißwein

TIP Die Zabaione wird warm aufgeschlagen und muß dann sofort serviert werden, sonst fällt diese Creme wieder zusammen.

Eigelb, Zucker, Weißwein in eine Cromaganschüssel geben, die auf einen Topf mit Wasser gesetzt wird. Das Wasser sollte leise vor sich hin köcheln. Zabaione im Wasserbad so lange mit dem Schneebesen schlagen, bis sie schön schaumig stehen bleibt.

EW	Fett	KH	kcal/J
8 g	16 g	8 g	362/1513

Gelato

Eis (Grundrezept)

1 l Milch,
1 Vanillestange,
8 Eigelb,
250 g Zucker

Milch mit der Vanillestange aufkochen, die Vanillestange entfernen. Eigelb mit Zucker schaumig schlagen und langsam in die warme Vanillemilch einrühren. Auf kleiner Flamme weiterrühren, ohne daß die Masse kocht. Die Masse schließlich auf Eis kalt rühren. In die Tiefkühltruhe geben. Je nach Menge 3 - 6 Stunden frieren lassen, dann servieren.

EW	Fett	KH	kcal/J
21 g	34 g	75 g	693/2900

Fragole al pepe

Erdbeeren mit grünem Pfeffer

800 g Erdbeeren,
1 kleines Glas eingelegter grüner Pfeffer,
Cognac,
Zucker

Erdbeeren waschen und putzen, dann geviertelt in kleinen Dessertschalen anrichten. Die eingelegten Pfefferkörner abtropfen lassen, mit etwas Cognac beträufeln und über die Erdbeeren verteilen. Nun mit Zucker bestreuen und servieren.

EW	Fett	KH	kcal/J
2 g	1 g	40 g	174/728

Affogato

„Versoffenes Eis“

Alkohol in einem kleinen Topf erwärmen, das Eis in kleinen Dessertschalen anrichten.
Mit dem erhitzten Likör, Whisky oder Cognac übergießen.

pro Person:
2 Kugeln Vanilleeis,
4 cl Cognac, Whisky oder Mokkalikör

EW	Fett	KH	kcal/J
3 g	16 g	26 g	350/1464

Cassata alla siciliana

(für 8 Personen)

Eigelb der 4 Eier mit 120 g Zucker und etwas Zitronensaft schaumig schlagen, das Mehl dazugeben und den steifgeschlagenen Eischnee mit dem Mehl und den Eiern verrühren. Eine eckige Backform mit Butter ausstreichen, den Teig hineingeben und mit mittlerer Temperatur im vorgeheizten Backrohr ungefähr 30 Minuten lang backen.
Den Kuchen auskühlen lassen, aus der Form heben und der Länge nach in vier Scheiben schneiden.
Nun werden die kandierten Früchte in kleine Stücke geschnitten und die Schokolade mit einem scharfen Messer kleingehackt.
Sahne, Quark, 50 g Zucker und Orangenlikör glattrühren, die Früchte und die Schokolade dazugeben und mit der fertigen Masse die einzelnen Kuchenschichten bestreichen und wieder zu einem Kasten zusammensetzen. In Alufolie eingepackt fast 24 Stunden ruhen lassen. Die Kuvertüre im Wasserbad schmelzen, die Butter darunter ziehen und die Cassata mit der zähen Masse rundherum einstreichen.
Nochmals kühl stellen. Sobald die Glasur fest ist, die Cassata in Scheiben schneiden und servieren.

4 Eier,
170 g Zucker,
Zitronensaft,
100 g Mehl,
Butter zum Einfetten,
100 g kandierte Früchte,
50 g Schokolade,
1/8 l Sahne,
500 g Quark,
2 cl Orangenlikör,
350 g Schokoladenkuvertüre,
250 g Butter

TIP Wer Kalorien sparen möchte, nimmt etwas mehr Kuvertüre und läßt die Butter weg. Den Teig einfach mit flüssiger Kuvertüre bestreichen und kühl stellen.

EW	Fett	KH	kcal/J
15 g	63 g	59 g	842/3523

Zuppa romana

1/2 gekaufter Biskuitboden,
1/4 l Milch, 1/4 Vanilleschote,
1 Prise Salz, 2 Eigelb,
50 g Zucker,
1 EL Maisstärke,
75 g gehackte kandierte Früchte,
5 EL italienischer Kräuterlikör,
1/4 l süße Sahne,
kandierte Früchte zum Garnieren

Biskuitboden in 3 cm breite Streifen schneiden. Milch mit Vanillemark und Salz fast zum Kochen bringen.
Eigelb mit Zucker schaumig schlagen, Maisstärke untermengen. Milch langsam einlaufen lassen, unter Rühren aufkochen; in Eiswasser kalt rühren. Flache Form mit in Likör getränkten Biskuitstreifen, Creme und Früchten schichtweise belegen. Mit Biskuitstreifen abschließen, mit Sahne und kandierten Früchten garnieren. Gut gekühlt servieren.

EW	Fett	KH	kcal/J
7 g	26 g	58 g	504/2107

Panserole

Mehl und Zucker vermischen, die Zitrone vorsichtig schälen und die Schale in feine Raspeln schneiden. Die Zitronenraspeln zum Mehl geben. Inzwischen die Milch etwas erwärmen und die Butter darin zum Schmelzen bringen.
Die Milch-Butter mit dem Backpulver verrühren und mit dem Mehl zu einem glatten Teig verarbeiten. Der Teig muß 1 Stunde ruhen, dann zu einer dünnen Platte ausrollen.
Die Teigplatte in Streifen (Rauten) schneiden und im heißen Olivenöl fritieren. Jeden Streifen so lange im heißen Öl ausbacken, bis sich der Teig aufbläht und goldbraun wird.
Abtropfen lassen und mit Puderzucker bestreut zum Wein reichen.

200 g Mehl,
50 g Zucker,
1 ungespritzte Zitrone,
1/8 l Milch,
50 g Butter,
2 TL Backpulver,
Olivenöl zum Fritieren,
Puderzucker

EW	Fett	KH	kcal/J
7 g	20 g	53 g	300/1256

Crema di Marsala con fragole

Marsalacreme mit Erdbeeren

Hälfte der Erdbeeren waschen, putzen und pürieren. Eigelb und Zucker schaumig rühren, Vanillestange aufschlitzen, das Vanillemark in den Schaum rühren. Nun den Marsala zu den pürierten Erdbeeren gießen. Diese dann langsam unter die Eiercreme ziehen. Die Sahne steif schlagen und unter die Masse heben. In Dessertschalen kühl stellen und fest werden lassen. Die restlichen Erdbeeren halbieren und auf die Creme geben.
Den Nachtisch anschließend mit der geraspelten Zitronenschale und einigen Minzeblättern dekorieren und kühl servieren.

1 kg Erdbeeren,
7 Eigelb,
200 g Zucker,
1 Vanillestange,
1/4 l Marsala,
1/2 l Schlagsahne,
2 TL geraspelte Zitronenschale (unbehandelt),
einige Minzeblätter

EW	Fett	KH	kcal/J
8 g	16 g	76 g	466/1949

Torta di ricotta

Ricotta-Torte

2 Pakete Löffelbiskuits,
6 Eigelb,
50 g Zucker,
2 Vanillestangen,
500 g Ricotta,
2 cl Sambucca,
1/2 l Schlagsahne,
100 g Mandelblättchen

TIP Schmeckt auch zum Cappucino.

Eine Springform rundherum mit Löffelbiskuits senkrecht stehend auskleiden.
Eigelb, Zucker und das Mark aus den Vanillestangen mit dem Schneebesen schaumig schlagen, Ricotta und den Sambucca darunterrühren und nun die ganze Creme mit der steifgeschlagenen Sahne unterziehen.
In den Löffelbiskuitring füllen.
Die Torte zwei Stunden kalt stellen. Kurz vor dem Servieren die Mandelblättchen in einer Pfanne ohne Fett bei kleiner Flamme goldbraun rösten, den Ring aus der Springform lösen und den Kuchen mit den gerösteten Mandelsplittern bestreut servieren.

EW	Fett	KH	kcal/J
38 g	78 g	56 g	1108/4634

Pesche ripiene

Gefüllte Pfirsiche

4 reife Pfirsiche,
50 g gehackte Mandeln,
1 TL Schokoladenpulver,
2 cl Amaretto,
2 EL Zucker,
Butter zum Einfetten,
Zucker

Pfirsiche halbieren und entkernen, etwa die Hälfte des Fruchtfleisches mit einem Löffel herausheben.
Die Pfirsichkerne aufklopfen und das Innere der Kerne mit den gehackten Mandeln, dem Schokoladenpulver, Likör und Zucker zu einer dicken Paste verarbeiten.
Die Pfirsichhälften mit der Masse füllen, in eine gebutterte, feuerfeste Form setzen und im vorgeheizten Backrohr bei mittlerer Temperatur mit Zucker bestreut 20 Minuten backen.
Heiß servieren.

EW	Fett	KH	kcal/J
3 g	14 g	29 g	255/1067

REGISTER